The Tears of the Caterpillars

Las Lágrimas de las Orugas

BEATRIZ VILLANUEVA RUDECINDO

BALBOA.
PRESS
A DIVISION OF HAY HOUSE

Balboa Press books may be ordered through booksellers or by contacting:

Balboa Press
A Division of Hay House
1663 Liberty Drive
Bloomington, IN 47403
www.balboapress.com
1 (877) 407-4847

Because of the dynamic nature of the Internet, any web addresses or links contained in this book may have changed since publication and may no longer be valid. The views expressed in this work are solely those of the author and do not necessarily reflect the views of the publisher, and the publisher hereby disclaims any responsibility for them.

The author of this book does not dispense medical advice or prescribe the use of any technique as a form of treatment for physical, emotional, or medical problems without the advice of a physician, either directly or indirectly. The intent of the author is only to offer information of a general nature to help you in your quest for emotional and spiritual well-being. In the event you use any of the information in this book for yourself, which is your constitutional right, the author and the publisher assume no responsibility for your actions.

Any people depicted in stock imagery provided by Thinkstock are models, and such images are being used for illustrative purposes only.
Certain stock imagery © Thinkstock.

Print information available on the last page.

ISBN: 978-1-5043-8065-2 (sc)
ISBN: 978-1-5043-8066-9 (hc)
ISBN: 978-1-5043-8079-9 (e)

Library of Congress Control Number: 2017907598

Balboa Press rev. date: 11/03/2017

DEDICATION

This book is dedicated to my two daughters, Sagrario Rudecindo-O'Neill, Maribel Rudecindo, and my two grandchildren Isaiah and Lilliana. This is also in memory of my parents Ignacio Rudecindo and Regina Villanueva, you left many lessons of wisdom and strength in our lives.

TABLE OF CONTENTS

Preface

For those God foreknew he also predestined to be conformed to the image of his Son, that he might be the firstborn among many brothers and sisters.
(Romans 8:29 NIV)

I have studied philosophy, psychology, and apologetics. I have participated in political activities and was even appointed to a diplomatic position in the United Nations. I graduated from City College with a Master's Degree in Education. I am currently a Foreign Language Teacher. However, I have discovered none of that is who I am.

Throughout my life and in my present occupation people have requested my advice and counsel. I have seen their suffering and I would like to help people discover true happiness the way I discovered it on my journey to find my true self. I felt the best way to do this was to write this book. Though this book reads like a novel it is based on a true story—my story. My prayer is that as readers follow the characters in this book, they will relate to one of them and learn from their journey the true path to happiness in spite of the circumstances in the world around them.

There are two very important things I discovered on this journey. First of all we should not see ourselves as victims, but as creators. Everything we experience in life is a product of our own thoughts. The Bible tells us, "As a man thinks in his heart so is he."[1] Even though many of the things that come into our lives happen because of the actions of others, how we respond to these circumstances determines whether we live in happiness or despair, joy or desperation. Often we blame God for the bad things that happen to us. This is because we do not know who we are and we do not know who God is. Therefore, the second truth I have discovered is that our happiness depends on our relationship with God.

God is the creator of all things and everything He created is good.[2] God created each and every one of us. Not one of us is a mistake or unwanted by God. He knew us and has had a purpose for our life since before we were even born. God tells us, "Before I formed you in the womb I knew and approved you."[3] "And we know that God causes everything to work together for the good of those who love God and are called according to his purpose for them."[4]

God does not and has not changed. He has approved of us and called us for His purpose here on the earth. We are the ones who must change our way of thinking especially when it comes to our relationship with God. We can never be all that we are meant to be without understanding who God is and who God designed and created us to be. All things are possible for God and there is nothing impossible for Him.[5] We are the ones who limit ourselves by limiting God's influence in our lives.

The love of God is unconditional. He loves us the way we are and does not separate Himself from us. We are the ones who separate from Him by the way we think. We create a wrong image of God and therefore limit what He can do in and through us. When we truly discover the relationship God desires to have with us we can release the power that God has given us to change our circumstances. We can be liberated from the manipulations of society and not permit the exterior to control the interior. Our circumstances do not have to determine whether we walk in happiness and power in our lives. We can walk with our heads held high because we know without a shadow of a doubt we are children of the Living God, and have been made in His image and likeness.

The Spirit you received does not make you slaves, so that you live in fear again; rather, the Spirit you received brought about your adoption to sonship. And by him we cry, "Abba, Father." The Spirit himself testifies with our spirit that we are God's children. Now if we are children, then we are heirs—heirs of God and co-heirs with Christ, if indeed we share in his sufferings in order that we may also share in his glory. (Romans 8:15-17 NIV)

[1] Proverbs 23:7 NKJV
[2] Genesis 1
[3] Jeremiah 1:5 AMP
[4] Romans 8:28 NLT
[5] Luke 1:37

INTRODUCTION

Where There Is Love ...

God is love. Whoever lives in love lives in God, and God in him. (1 John 4:16 NIV)

Where there is love there is no room for violence and anger. Where there is love there is no room for dishonesty, deceit, and lies. Where there is love there is no room for greed and selfishness. Where there is love there is no room for prejudice or bigotry.

We know that we should not kill or hit anyone. We may be able to develop control so that we do not physically harm anyone, but we are quite careless when it comes to violence in word and thought.

Violence in word can be blatant. We know we should not call anyone names that would hurt their feelings, but many times a day we say things that injure another's feelings just to boost our own ego. When others make a mistake we think that they are stupid or foolish and tell them just what we think. When others respond incorrectly we make them feel embarrassed or inferior.

Oftentimes we use sarcasm to try to be funny. Humor is positive and always welcome, but it should not be at the cost of someone else's heart. Humor sometimes pokes fun at a situation, but we should not poke fun at people or break their hearts in the process.

Another form of violence in word is prejudice coupled with bigotry.

We find people making negative remarks about others of different religions, of different countries, of different skin colors, and of the opposite sex.

One of the most common forms of violence in word is fighting among family members, friends, spouses, parents, and children. We know we should respect each other's opinions, but in our minds we rebel against it. Sometimes we injure the feelings of those closest to us when, in the heat of the moment, we say things that are not true and are unkind. We later regret what we have said, but by that time the injury has already been inflicted.

It is said that the tongue is sharper than a sword. A sword wound may heal, but the wound of someone's words breaking our hearts is not easily forgotten. We must learn to keep control over our tongue.

> *With the tongue we praise our Lord and Father, and with it we curse human beings, who have been made in God's likeness. Out of the same mouth come praise and cursing. My brothers and sisters, this should not be.* (James 3: 10 NIV)

The story you are about to read represents two families that suffer word violence in many of these various ways. We will trace their individual journeys until they meet and influence one another in their journeys toward their individual and corporate destinies.

As you read their stories, you will learn how to get rid of the negative thoughts others may have inadvertently or purposely planted within your mind. You will also learn how to break free of the captivity imposed upon you through the words and actions of others. You will come to realize that the world is a mirror of your feelings, thoughts, desires, and interpretations. Every situation, relationship, and event is the mirror of something you have on the inside of you. You will come to see the connection between your inside and outside worlds and learn how to function as a victor instead of a victim, an overcomer instead of living in oppression, blessed instead of unfortunate, and powerful instead of powerless!

No, in all these things we are more than conquerors through him who loved us. For I am convinced that neither death nor life, neither angels nor demons, neither the present nor the future, nor any powers, neither height nor depth, nor anything else in all creation, will be able to separate us from the love of God that is in Christ Jesus our Lord. (Romans 8:37-39 NIV)

As an overcomer, you will become an instrument of love in the hands of your loving Heavenly Father. Then you will daily pray this beautiful prayer given to us by Saint Francis of Assisi.

Lord make me an instrument of thy peace,
Where there is hatred, let me sow love,
Where there is injury, pardon,
Where there is doubt, faith,
Where there is despair, hope,
Where there is darkness, light,
Where there is sadness, joy.
Oh Divine Master, grant that I may not so much
Seek to be consoled as to console
To be understood as to understand
To be loved as to love.
For it is in giving that we receive.
It is in pardoning that we are pardoned.
And it is dying that we are born to eternal life.

Read the stories of Laura, Hector, and their families. Watch how their lives intertwine and affect each other both negatively and positively. At the end of the book, I will offer a section to help you understand and apply the truths their stories present so you can learn from their mistakes and their triumphs. I pray the eyes of your heart will be open to receive the truth and love God has for you to discover on your own journey to discovering the joy and peace God has waiting just for you.

CHAPTER 1

Laura's Family

Laura lived in the country with her parents, her two older sisters Mariela and Lucinda, and her two brothers Teo and Gilberto. Her dad was a very rich man and owned miles of land, many cows, horses, goats, and had hundreds of employees at his service both on his land and in his great house. Laura's father decided to leave the country where they were very comfortable in search of a better education for his children. He knew that if he stayed in the country his children would not get the best education. He wanted each of his children to have opportunities to pursue life using the gifts and abilities God had placed within them. Laura's father was respected and honored by those who worked for him as an honest and fair man.

Her father had a friend who recommended a good neighborhood where he could buy land and build a nice house for his family. Her father would ride into town in his good clothes on his finest horse to supervise the construction of his new home. He thought this would give him prestige in this new world he was moving his family into, but instead the people in the neighborhood made fun of him and called him a Hillbilly or a red neck behind his back. The city people considered themselves better than the people from the country. Being called a hillbilly was a great insult. It meant the people of the neighborhood thought her father did not have good manners or good habits. Country people were often rejected by society. City people cared about their customs, manners, how they walked, spoke, and dressed. The people who lived in the city worked very hard to keep up appearances. By contrast the ones who lived in the country were friendlier and free to live their own lives without such hang-ups.

Unfortunately, Laura's father was unaware of how this strong prejudice would affect each of his children as they transitioned from the country to city life. In the country there was very little focus on race or class, but the city society was both racist and class oriented. People only associated with others of their class. The social class system was of the utmost importance to these city people. The ones referred to as the "pretty people" of the neighborhood were prideful and arrogant and received all the privileges of the community. They thought they were better than the country people no matter how much money they had.

When Laura's father first announced that they would move to the city, everyone in the family was excited. No one was more excited than Laura's mother, Ruth. Finally, she would be able to be among the wealthy upper class Ruth so longed to be like. Though her husband was wealthy, hardworking, and a good provider, Ruth regretted not marrying a man with lighter skin, especially after they started having children. Her husband was well respected that was true. In fact in the province they came from, many referred to him as Don which was a very admirable title of honor and respect.

However, Ruth dreamed of living in the city where she could be exposed to the finer things of life. She finally convinced her husband of the importance of moving his family to a better life in the city. She used the need for a better education for their children as the motivation behind the move.

In reality, Ruth hoped she could groom her favorite daughter in the graces of high society and procure a handsome rich husband for her beautiful Mariela. Mariela was tall, elegant, and had lighter skin than her siblings. This was very important in Ruth's eyes. Though Mariela had outward beauty, she did not have the intelligence of her other two younger sisters. Ruth knew how important it would be to make sure Mariela was exposed to the ways of the "pretty people" so her future would be secured. Ruth excitedly explained how wonderful city life would be for her and Mariela. It did not matter that Mariela had not done well in school. She was pretty and would marry a rich husband and be set for life. They would be able to buy beautiful clothes, keep up with the latest in fashion, and go to parties that would expose them to other "pretty people."

Laura's older sister Lucinda was as different from Mariela as any two sisters could possibly be. Lucinda was born with much darker skin. Ruth had not wanted another child so soon after the birth of her beautiful Mariela and had even tried to abort this second child. Despite all her efforts to miscarry, Lucinda was born healthy and strong. Her mother was doubly disappointed when Lucinda was born with such dark skin. As the two girls grew up together, Ruth made it very clear Mariela was her favorite. In a fit of anger, Ruth one day told Lucinda she wished she had never been born and called her a "fat black pig."

Lucinda's self-esteem was very low. She began to gain weight though she tried very hard to be tall and slim like her lovely sister. One time she stopped eating for a couple of weeks and only drank vinegar. Her mother was not even aware of what her daughter was doing until Lucinda fainted and had to be taken to the hospital for medical treatment. She desperately wanted to please her mother so she tried various remedies to lighten her skin. No matter what she did, it never seemed to be enough. Her mother often told her she was just like her father, belittling her because she was dark skinned like he was. Lucinda carried all this in her heart and mind which caused bitterness and resentment towards her mother. Lucinda became quiet and withdrawn. Many thought she was just a shy well behaved girl, but deep inside Lucinda was wounded and insecure. Lucinda looked forward to the move to the city because she hoped she could quickly learn a trade and move away from her emotionally abusive mother. Lucinda did not want to be like her mother. So, she began to seek ways to improve her status by lightening her skin, straightening her hair, and pretending to be something she was not.

Teo was the first born son and truly favored by his father. He, too, was born with very dark skin. Teo loved to work with his father and especially was drawn to working on the various machinery his father had around the ranch to work the miles of land he owned. He loved school and especially auto mechanics. He was very savvy with his hands which his father discovered while the boy was still young. Even though he was looked upon with favor and pride by his father, his mother constantly berated him because he was "black" and his hands were always dirty and often covered with grease. Teo became quiet and introverted like his sister Lucinda especially when he was around his mother. He was actually hopeful that when his mother and sisters moved to the city he could stay behind with his father and help him work the ranch. Unfortunately, this was not to be and Teo had to learn to fight to defend himself against the bullies and the discrimination that came against him as he grew into a young man. Though his father was proud of his son for learning to defend himself and working hard with his hands, eventually he ran up against forces he could not fight against.

Laura was a true country girl. She enjoyed nature, the sound of the birds singing, the beautiful colors on a butterfly, the smell of the flowers, the beauty of the trees, the color of the sky, and she took much delight in staring at the star-filled night sky. Laura enjoyed the feel of the sun on her skin. She often played with the animals, fished in the lagoon, and bathed in the river. Laura enjoyed eating freshly picked fruit. In the afternoon she loved to play with her friends until nightfall. Laura loved to read and go to school. She was a very happy child and she felt she had it all. Not only did she love her country life, but her father was a rich and powerful landowner. In school she was loved and favored by all. Her teacher favored her and she was often the leader of the class. Her classmates adored her and because she lived in what would appear to be a fairy tale castle, all the children wanted to go to her house for play dates.

Laura was ecstatic. She had read books and different magazines about city life and dreamed of visiting a city someday. In the summers, children who visited from the city would tell her stories about city life. How different it was and how much fun they had living there. Laura liked how they dressed, their hairstyles, and even their make-up. She knew if she moved to the city she would be able to continue her education, because the country schools only went up to second grade. As much as she loved the country life, Laura knew it would limit her future. She would love to live in the city and then spend summers in the country as some of the other children did. After her father's announcement, Laura was thrilled that she was moving to the city. She told all her friends that soon she would move to the big city and become a real city girl.

Laura dreamed of her new school and her new friends and her new neighbors. She was filled with hope and expectations. Her dream would finally become a reality. She was excited about riding in a car instead of on a horse. She could hardly sleep she was so excited. Laura could not wait to see her new house and her new room.

Gilberto was the youngest of the family. He was born with speech problems.

He did not speak until he was ten years old which was a great embarrassment to his mother. His siblings called him the speechless one. Whenever they said something they should not have or that was inappropriate, they would laugh and say Gilberto said it. Eventually seeing her husband had no use for Gilberto, Ruth took up his cause. Since Gilberto could not defend himself she began to console, defend, and protect him. His siblings did not like the fact that their mother always protected him even after he did begin speaking. Because he could not speak for so many years, he became very aggressive in his mannerisms to gain other's attention. When he did learn to speak, his words became just as aggressive. He was always looking for words that would hurt and offend others.

CHAPTER 2

The Move to the City

Finally moving day arrived. The moving trucks had come and they all left for the city. Her father had to stay behind in order to attend to his business, but he would join them in a few weeks. The family arrived at their new neighborhood in the city by nightfall. They put away their belongings and went right to sleep. In the morning Laura was the first to wake up as she always did, especially in the month of May. May was when the mango fruit ripened. Laura loved to get up early in order to pick her favorite fruit fresh off the tree. In the country the family lived by a great big mango plant. This morning in May in their new house, Laura went out into the yard and realized there were no mango trees. In fact, there were no trees at all. The sun was hitting directly on the house and there was no shade in which to play. Even though it was still early morning, the yard was becoming uncomfortably warm.

The houses were so close to each other that she immediately began to miss her home in the country where she had room to run and play and explore. Laura could not even hear the sounds of birds singing. She only heard the sounds of the voices of the street merchants selling their products.

She was so disillusioned she said to her mother, "Is this it? I do not like the city. I want to go back to the country."

Her mother had been looking forward to city life and told Laura to give it some time; it was just a matter of getting used to it all. Once school started, her mother assured her, she would make new friends and she would change her mind. Lucinda, Teo, and Gilberto seemed to share her sentiments once they came outside to explore their new surroundings. They did not feel comfortable in their new environment either. They looked at each other in amazement wondering why they had moved from such a beautiful open country area to this noisy, hot, crowded neighborhood!

When Ruth looked out the window and saw her children walking around in a daze, she quickly called them in for breakfast and then gave them their assignments for the day. Though she had brought some of their servants with them, there was still much to do to get settled into their new home. Ruth wanted to hire more help and sent one of the servants to place an ad with a local service agency. Then she wanted to quickly prepare the house to receive guests. She told her children, all but Mariela of course, to help with the preparations. She had been waiting for this opportunity for a long time and wasted no time getting into action to see her dreams come true. Normally Ruth would have had to make arrangements for her children to begin school, but since they moved in May, there was only one month of school left so their parents had decided to wait until the following scholastic year for their children to begin school. The three middle children were disappointed not to be able to go to school. They all had their own reasons for wanting to begin school immediately. Though Lucinda was self-conscious about the color of her skin, she hoped to do well enough in school to advance quickly into a self-sustaining career. Teo wanted to get involved in the auto mechanics class as quickly as possible. He hoped to learn all he could and then head back out to the ranch and apply his skills to his father's machinery. Laura loved school and was desperate to begin school here in the city where her education would reach a whole new level. What was she going to do with herself here in this hot city with no school to go to and no friends?

New Neighbors

Laura's father had a friend who recommended he buy land in this city and in this community. In fact her father's friend lived in the house right next door. He was their closest neighbor. Laura's father had asked his friend to check in on his family once they moved in knowing he would not be able to join them right away. His friend's children came by the house to welcome their new neighbors shortly after breakfast time. These children were educated and well behaved and of Jamaican descent. Laura was more outgoing than Lucinda and Teo so she and the children became friends almost immediately finding they did have many things in common. They explained to Laura how the neighborhood functioned and about the ten families that comprised the two main streets within the realm of what was considered their neighborhood.

It appeared that only one family in the whole neighborhood had a TV set and that was Hector's family. Laura had never watched TV before. Living in the country she had not really even heard of a television. Her new neighbors told Laura that they would take her with them to watch TV later that afternoon. This lifted Laura's spirits and gave her something to look forward to. From what they had told her, Laura knew she would be able to watch people over the TV as well as listen to them. She thought that would be marvelous to have that experience. She had only been able to hear people speaking over the radio, so to be able to watch them as well made her very excited. She couldn't wait until it was time to go visit the family with the TV set. She shared her excitement with her siblings but none of them wanted to join her on this great adventure.

The neighbor children arrived to pick up Laura at 3:45 p.m. as promised. It was a five-minute walk to Hector's house they told Laura's mother. Laura was given permission to go with her new friends. Ruth was hoping this interaction with the neighbor children would help Laura adjust more quickly to their new life in the city. Though Ruth had no great aspirations for Lucinda and Teo, she knew Laura had great potential for school work. She wanted her beautiful Mariela to marry a rich husband and felt Laura would excel academically. Here in the city, Laura could advance her education and make her mother proud.

When the children arrived at the house with the television set, Laura was so excited that her new friends had to control her so the other children wouldn't laugh at her. Laura believed everything that was happening on the set was real. She talked constantly asking questions and bubbling over with excitement. The neighbor children tried to explain to her that it was only an image on a screen, but Laura had no idea what that meant. It was all so wonderful! Maybe city life would be fun after all, she thought. Wait until she told her friends in the country about TV!

While Laura was totally engrossed in the images on the screen and being fully entertained watching the television show, the son of the family that owned the home walked into the room. The other children had been there before and barely noticed him. Some gave him a quick nod and then refocused on the TV. Though some of them still found his appearance a little frightening, they had become accustomed to seeing him and knew he was not dangerous in any way. They all enjoyed the TV and had overcome their initial fears to take advantage of his parent's invitation to visit on a regular basis.

When Laura finally noticed him, she was startled and became so scared she wanted to run away. She had never seen anyone like him. She had no idea what to think of the way he looked and the way he stared at her. She told Lucinda later that he gave her the creeps! She did not run away, she managed to keep her fear in check, but now she could not concentrate on the television show. She kept looking over at Hector as if afraid he was going to pounce on her. She could hardly wait for the show to be over so they could leave.

The next time her friends invited Laura to go watch TV Laura said no because Hector scared and grossed her out. As much as she liked watching the adventures on the television set, she could not bring herself to face her fear of the strange boy that lived in that house.

Laura became very sad because she missed the country so much. She felt like a caged bird. It seemed to her that the city was excessively loud and hot. All the noise disturbed her inner peace. She spent the majority of her time sitting by her bedroom window watching people that walked by their house. Laura watched and observed the city people trying to figure them out. They were so different from the people who lived in the country. She could actually see a different kind of attitude about them. She tried to figure out what it was but she had never seen people like this before so she really had nothing to compare it to. She was not sure she liked what she saw or that she wanted to be like them.

She hoped that when she finally got to go to school she would be in a more familiar place. She had always excelled at school and saw no reason why that should be any different here. She kept her focus on that as she existed through the summer months.

School Finally Begins

September finally arrived. Mariela, Lucinda, Teo, and Laura began the preparations to begin school in the city. Each of them wondered what their first day in this city school would bring. Mariela was going to a larger school for young ladies. She hoped she could enroll in a sewing class as that seemed to be a skill she had begun to develop. Her mother approved as it would definitely benefit her later as a wife.

Lucinda and Teo were a bit apprehensive having experienced a few of the differences in the people here in the city. They had ventured out a few times to check out the local vendors. They had also taken the walk to the school to find out how far away it was and determine how long it would take them to get there. They had seen the looks they got as they passed by the big houses along the way. They both decided it was as their mother had said, they were black and that was not a good thing even here in the city. They had made up their minds to glean what they could from these "city" schools and not bring undo attention to themselves. Becoming as invisible as possible seemed like the best way to survive in this unknown and possibly hostile new territory. They were right about one thing—these city people were definitely prejudiced and unkind to those who were different than they were.

Laura, on the other hand was super excited! It was the moment she had been waiting for ever since they moved into this new place. School would finally begin.

School was a friendly, happy world where she would be accepted and praised for the special smart person she knew she could be. She had her new uniform, her pencils, and her notebooks. She was so happy and excited she could barely sleep the night before classes were to begin. Her imagination went wild as she imagined what the first day of school would be like. She would be surrounded by all her new friends who would love and admire her like those in her country school. She would learn from an enchanted city teacher who could teach her above and beyond what she could have ever learned in the small country school. *Yes*, she thought as she drifted off to sleep, *school was going to be a wonderful adventure!*

As the three siblings walked toward the school the next morning, Laura bounced along excitedly talking a mile a minute. Lucinda and Teo had to smile at her enthusiasm though they were more reserved in their attitudes. Each one had their own aspirations that they hoped school would help fulfill. School did indeed begin to shape their lives, but not quite in the way any of them had hoped.

After saluting the flag and singing the anthem, Teo went one direction while his sisters headed for the classrooms on the opposite side of the building. Laura went to class and excitedly chose a seat in the first row. Lucinda was in the same class although she was a grade higher. This school had third and fourth grade students sharing the same class room. However, Lucinda chose to sit in the back of the classroom, not wishing to draw any attention to herself. That was fine with Laura. It actually was nice to walk to school with her sister and locate their classroom together. Teo, of course, went with the boys his age to the auto mechanics and shop classes.

Laura wanted to be first in everything. In the school in the country she had been at the top of her class. She loved to talk and express herself. She was never shy about answering a question or sharing an answer. At first this was not a problem. The teacher seemed to like the fact that Laura participated in the class studies. Laura was trying to learn and observe until she figured out what this teacher expected from her students. Laura was confident she would excel in her studies just as she had done in the country school.

Then one day the teacher was explaining a lesson and Laura started talking about it with the student next to her. The teacher was clearly annoyed and told her to "shut her Zago mouth." Laura did not quite understand what the word meant, but she could tell by the teacher's tone that it was not a good word. Not wanting to upset her new teacher, Laura sat quietly the rest of the day. This was a totally new experience for Laura. Never had she been reprimanded in school before, especially not in front of the whole class! It was not something she wanted to experience again. She needed to find out what it was she did to upset her teacher.

Laura was quiet even on the walk home. She was embarrassed that Lucinda had witnessed her public reprimand. She did not want to talk about it, at least until she asked their mother what that word meant. Lucinda wisely kept her thoughts to herself. She knew what the word meant, but did not offer an explanation to Laura. In a way she was glad things were a little different here. Maybe her sister would not get all the attention like in the country school. Lucinda did not necessarily want the attention for herself, but it was annoying to have everyone say how smart Laura was while all they said to her was how "black" she was. She wondered what their mother's reaction would be to Laura's story.

When Laura got home she immediately asked her mother what the word meant. Her mother explained that the Zago was a fish with a very big mouth and asked her why she was asking about it. Laura's eyes got big as she realized her teacher was apparently not very nice. What a horrible thing to call a student! The teacher Laura had in the country school would never insult a child in such a manner, especially not Laura who was her favorite. From that day forward, Laura's opinion of this school began to change.

As the days went on it seemed this teacher liked Lucinda better than Laura because she was quiet and obedient. Lucinda never spoke up, never questioned any instructions the teacher gave, and always replied with yes, ma'am. Laura was a little more outspoken and slightly rebellious when it came to doing things her own way. This had not been a problem in the small country school where the teacher greatly respected her father and knew Laura was a very bright student. Things were different here where all the students came from wealthy families. Laura did not have the advantages she had in the country school. Because of this lack of favor, Laura was about to ask her parents to make a change that would change Laura's world in a major way!

Change of Schools

Since the school Laura and Lucinda were attending only went up to the fourth grade, this meant that next year Lucinda would have to attend a different school in another neighborhood, with Mariela in a higher grade. Laura would have to continue to attend this school alone and would be in the same class again with this same teacher. Laura did not like this idea at all. She wanted to attend the big school along with her older sisters and get away from this teacher who obviously did not like her. She begged her parents to take her out of the school so that she could attend the other school with Lucinda and Mariela. Their parents decided it would be a good idea to send the three girls off to the same school although they were each in a different class.

Though this is what Laura thought she wanted, it was in this new school that Laura began to be tormented by her peers. Perhaps it was because they found out she had moved from the country and obviously was not familiar with their ways; that her new classmates began to make fun of her and call her uncomplimentary names. Then one day one of the children called her ugly because she had a big nose. Though Laura did not have the darker skin tones of her father, she did inherit some of his African facial features. In the country looks and stylish clothing were not as important as hard work. Obviously here in the city, looks and social status were very important.

When it became obvious Laura was very smart, her jealous peers felt she was not of their class and looked for a physical feature they could criticize her for and make fun of. When they discovered it bothered her when they made fun of her nose, they began to make it the brunt of her jokes and comments on a daily basis. They said it so often that Laura began to notice that her nose was larger than those of the rest of the girls in her class. She began to develop a complex about it and wondered what she could do about the offensive nose she had inherited from her father.

She began to withdraw from social interaction. She had only one friend who was very quiet and shy. Laura, who was once a happy, energetic girl had turned into a sad and bitter child. She was always looking in the mirror staring at her nose. She truly felt that if her nose were smaller her life could be so much different. Not one day went by that someone did not make a comment about her nose.

In class Laura now sat in the back row last seat so no one could see her. She never participated in class, and was always quiet. When it was time to line up, Laura stepped in behind the tall girls even though she was short, so that she could hide her face and avoid being teased. Laura did not go to parties anymore. The few she did attend ended in the other children making fun of her nose and ruining the party for her. She made the decision not to attend anymore and withdrew even further into her own little world. Her studies became her life.

One day the class had planned a trip to the zoo. Laura was very excited for the first time in a long time because they were told they would see wild animals. Laura had never seen wild animals. She remembered the wonderful interaction she had experienced with the animals on her father's ranch. How she missed the country life where she could be happy and run free among the trees and flowers.

As soon as they arrived, one girl pointed to the cage of monkeys, turned to Laura, and said loud enough so that everyone could hear, "This must be your family; they look exactly like you!"

This ruined the magic of the moment for Laura as everyone laughed at her. Even the teacher could not refrain from smiling. The day was miserable for Laura and she began to make some decisions and inner vows that would affect her from that day forward. She would internalize her feelings deeply, while the next child we meet from this neighborhood will choose to express himself outwardly.

CHAPTER 3

Hector

When Hector was born, he appeared to be a beautiful healthy baby boy. He was the third child born into his high middle-class family. His father was the owner of a shipping company. He had a beautiful house in a nice neighborhood, the same neighborhood Laura would eventually move into. He was the only one in the neighborhood who owned a television set. He also drove a very elegant and expensive car. He was highly respected by those around him and was known as an exceptional businessman.

At the age of two, his beautiful little boy, Hector, contracted a very rare disease that disfigured his face and body. The doctors had no idea what was causing the problem. Warts began to immerge all over his little body. These ulcers would break and heal over resulting in ugly scars that began to transform his once beautiful face into an ugliness that most people could not even look at. His eyes would constantly tear up and run, he drooled from his mouth, and his hands were always sweaty. He only grew to be three feet tall and a hump formed on his back. His legs were short and his arms were twisted. His eyes were still the beautiful blue he was born with, but now they had a glazed over look caused by the constant tearing.

Hector was unaware of his outward appearance. His mother had long since removed the mirrors that would have allowed Hector to see what the ravishing disease had done to his body. Having nothing to compare it to, Hector continued on with life as if everything were normal. Only his parents and siblings knew the devastating truth; there was nothing the doctors could do to reverse the affects and damage the disease had done to his young body. They kept him in the house and yard away from prying eyes, and loved him in spite of his now deformed body. His siblings interacted with him just as they did with each other. Though they were fearful of having another child with the debilitating disease, Hector's parents had three more very healthy children. Hector now had two older brothers, two younger brothers and one younger sister.

One day Hector's mother took him to church with her. It was during the grand festival of the Virgin Mary. His mother had been praying to the Virgin Mary since her son had begun to develop the symptoms of this horrible disease. She dressed Hector is some very nice clothes. They were a little large for him in an effort to disguise the deformity the disease had caused to his back. They would go to the church and light a candle to the Virgin Mary, his mother told him. Hector had never been in a church before. He was fascinated by the beauty of the stained glass windows and the statues of the richly dressed saints all around the interior of the building. There were images of angels all around him, but what really captured his attention was the statue at the front of the big room of a man nailed to a cross. Hector could hardly take his eyes off of the face of that man.

Hector asked his mother why the man was nailed to a cross and she told him it was for all of their sins. Then she cautioned him to be quiet and respectful in church, and she would answer all of his questions later when they got home. She realized she needed to start teaching her son the stories of Jesus. Her other children attended religious instruction classes, but she had not sent Hector not wanting to expose him to the outside world.

Hector's mother waited until there was no one in front of the candles and approached with her small son. Hector had already developed a hunchback and walked with a shuffling gait, so she walked slowly allowing him to keep up with her and not draw any undue attention to them. As they approached the table where many candles were already lit,

Hector carefully watched his mother. She had told him she would light one candle and then he could light his own. He could feel the urgency in his mother to do this and he wanted to please her.

His mother lit her candle and then as she started to hand the long match stick to her son, a well-dressed man tapped her on the shoulder and took the match stick from her hand. He said he would light the candle for her son, but she needed to take him out of the sanctuary immediately.

Hector looked at his mother with a confused look on his face. This was not what she had told him was supposed to happen. He wanted to do what he was sure would please his mother, but what he saw on his mother's face was a look he would never forget. It was if this man had slapped his mother across the face. She was shocked and started to cry. She grabbed her son's hand, picked him up in her arms, and held him close to her as she quickly ran out of the church. Unfortunately, though Hector did not really understand what had just happened, there were scars forming on the inside of Hector that would eventually cause him to make some poor life choices.

Doesn't Everyone Have a Right to go to School?

When Hector turned seven, he was eligible to start school. His mother had been helping him at home to deal with the handicap his disease had caused him.

He wore glasses which helped him focus, stop blinking so rapidly, and basically prevented his eyes from watering from the strain of trying to see things clearly. He had developed strength in his legs, and though he was short, he could walk at a normal pace. In fact he did not look that much shorter than most of the boys his age. He would dress in loose fitting clothing and stand as straight up as he could to compensate for the hunch on his back. His mother was hopeful her son could fit in among the other students and achieve an education without much ridicule.

Her hopes were soon to crash as the cruelty of the world around them would once again slap her in the face.

She registered Hector for school. He was very excited and could not wait for school to start. His mother had purchased all of his school supplies and he carefully packed them into his school bag. His school was about two blocks from his home. He walked there on his own assuring his mother he would not be late. He arrived just as the other students were lining up to proceed into the school building.

As Hector joined the line, a few of the students turned around to look at him and started screaming in fear. The teacher who was leading the line ran to the back of the line and tried to calm the frightened children by telling them Hector was in the wrong line and not to be afraid. She turned to Hector and asked him to go back home and she would contact his mother later to straighten things out as to which class he was supposed to be in.

Hector did not understand what had just happened. He had done everything his mother had told him to do. He had merely joined the back of the line that was heading into the building. He had not even spoken to anyone. What could he have possibly done to make this teacher want to send him home before he even entered the school building?

He watched as the teacher quickly led the other children into the classroom like she was protecting them from a monster. He turned around and walked home with his head hanging down. His mother saw him coming and ran out to meet him asking why he was not in school. When Hector told his mother what had happened, she shook her head sadly as if she had expected something like this to happen, though all the time hoping it would not.

"I will go and speak to the teacher," she told Hector. "School is meant for every child."

She took her son firmly by the hand and they marched determinedly back to the school together. As they walked, she reassured Hector that he had every right to attend school along with the other children his age. They entered the building and went to meet with Hector's teacher. The children they passed in the halls looked at Hector with fear. The teacher asked them to wait for her in the teacher's lounge where she later met with them away from the eyes of the other students.

"Why did you send my son home?" Hector's mother demanded in a challenging voice.

"I did not send him home, Ma'am," the teacher said defensively. "He left on his own. I merely told him I felt he was in the wrong class because he looked smaller than the other children. I told him I wanted to speak with you about what class he belonged in."

The teacher looked up at Hector's mother seeking some sort of understanding on her part.

Receiving nothing but a determined look, the teacher asked, "What is his name?" "Hector Olivo," his mother said as calmly as she could, knowing her son had not distorted the truth.

"Yes," the teacher said shaking her head, "His name is right here. I will take him into the classroom and assign him a seat. But I must warn you, I cannot be held responsible for the comments of the other students. I will do my best to try and control them."

Hector's mother looked at her son sadly as if she knew this was going to be difficult for him, "Do you want to stay, my son?"

Confused as to why all of this was happening, Hector told her, "Yes, of course I want to stay. I want to go to school and learn like all the other children."

Hector's teacher took him into her classroom, and seated him discreetly away from the other students. However, it did not take long for the teasing and discrimination from both students and teachers to overwhelm Hector. Everyone would flee from him. No one would go anywhere near him. He decided it was not going to work out and his mother agreed with him.

After just a few weeks of torture, Hector's mother did not force him to go back when he said he did not want to go through it any longer. She would find other ways to help him attain an education. There was really nothing his family could do to protect him from the remarks and stares of people who were fearful of those different from them.

One of the things his mother did do was to try to encourage the neighborhood children to come to her house for a show and refreshments. Since they were the only ones who owned a television set, she used that to "bribe" the local children to come in and get to know her son as they enjoyed the food and a chance to watch television. Her strategy worked with some of the neighborhood children, but others were still afraid, like Laura.

Dealing with the Cruelty and Rejection of Others

After Laura ran out of his house that day without even taking the time to talk to him, Hector decided he would get even with her and everyone else that had been unkind to him. Unfortunately, he was beginning to develop a bad attitude about the way people were treating him. He was beginning to see how people treated those different from themselves, but instead of trying to right the wrong, Hector chose a path that made things even worse.

When the other children came to his house to watch television with him, Hector would ask them where the ugly neighborhood girl was. He found out her name was Laura and they told him where she lived. She would have to walk by his house to go to school so he began to wait on the porch for her and call her names as she passed by. One day he heard some of the children making fun of her nose. That was all the ammunition he needed. He humiliated Laura in public every chance he got by saying derogatory things about the size of her nose.

Though he was not large in stature, Hector had developed tremendous, upper body strength to compensate for his lack of height and weight. He became aggressive and threatening. Though he probably would not have won too many actually physical confrontations, between his cutting remarks and his physical appearance, he was labeled as the neighborhood bully. No one wanted to go anywhere near him.

When he discovered the neighborhood children were all missing on Wednesday afternoon after school, he decided to find out where they all were going. When he discovered it was a religious instruction class, he joined the class with the express purpose of victimizing whomever he could. He would sit quietly in the back of the class and look for the sensitive, shy, quiet students. Then he would position himself where he could antagonize them when the nuns were not looking. He did everything he could to distract them during class. In his mind the religious community had rejected him and so had his peers so he could deal a double blow by victimizing the weakest students in the religious education class.

As Easter approached, Hector realized he was going to have a great opportunity to criticize and humiliate many of the children in the neighborhood who refused to come to his house even with the lure of television and great food. Laura was at the top of his list. He was determined to watch for her and make sure he lavished her with cutting remarks concerning her Easter finery. He had heard the others discuss this as they watched television in his living room. Everyone seemed to be talking about the new clothes and shoes they all were purchasing for this special religious holiday.

As Easter Sunday dawned, Hector watched and waited for the perfect opportunity. He knew he had to be a little cautious as Laura's father had arrived at their house a short while ago. No one had met him yet, but he seemed to be quite an intimidating man. Hector did not want a confrontation with this man. He had learned to pick his victims carefully and make sure they were away from anyone who would be willing to defend them.

There was no opportunity as the family left for church, but when they returned, Laura seemed separated from her family. It appeared she had had a disagreement with her younger brother. She seemed to be sulking and staying well back from the rest of her family. Hector watched for an opportunity and slipped out from behind a fence. Laura had been thinking about the argument she had just had with Gilberto and had not seen Hector standing by the fence. She was startled when he was suddenly standing directly in front of her.

Enjoying the look of surprise and then fear that crossed Laura's face, Hector said, "You look uglier than normal in that dress. It looks like you are trying to wear a disguise. Are you trying to hide your ugliness? Pink is only for pretty blond girls to wear. You are not pretty; you are ugly like a horse!"

His hurtful message was delivered in a mocking voice, and then Hector quickly disappeared back behind the fence. He could see Laura start to cry as she took off running for home. He heard from the other children later that for some reason Laura had burned her beautiful pink Easter dress and refused to wear pink ever since. Nobody but Hector seemed to know why. He smiled a secret evil smile as he realized he had gotten his revenge!

CHAPTER 4

Cause and Affect

Each of these children was affected by the circumstances around them. They each had their own "crosses" to bear. They each had crossroads in their lives where they had to make a decision which path to travel. Would they allow their circumstances to rule over them or would they chose to rise above these challenges and become overcomers?

Mariela did not finish her intermediate studies. Her sisters called her chicken brain because she could not compete with them academically. She found she loved sewing so she convinced her parents to let her drop out of intermediate school and enroll in sewing classes. It was obvious to her instructors this was an area she excelled in and she acquired an opportunity to go to the United States to attend a famous design school. She graduated and went on to work with some very famous designers.

Lucinda continually tried to change her outward image. She tried over and over to lose weight, often in very unhealthy ways. She desperately tried to whitened or lighten her skin using bleaches and other harmful chemicals in an effort to deny she was black. She would straighten her hair and try to pass herself off as white. Fighting her inner struggles with her own identity, Lucinda actually developed a split personality. At times she was very temperamental, tough, and even cruel. At other times she was nice and sweet to the point that her friends took advantage of her.

What Lucinda did discover about herself, though, was that she was a very good business person. Even when she was still quite young, she would set up her own business, like tutoring preschool children even before she graduated from high school. Later she decided to study law and graduated with her doctorate in law. She became a very well-known lawyer with the nick name, "the steel lawyer." Her opponents feared her and judges respected her. She became known as the defender of the weak and fought hard to attain justice no matter who her client might be. She charged a high fee to the rich and offered to represent the poor pro bono.

Though she emulated strength and toughness, deep inside hid a very fragile insecure woman who longed to be admired and accepted by others.

Gilberto was jealous because Laura was smart and good at everything she did. Gilberto grew into a selfish envious young man who did not feel love for himself or for others. He felt he did not have the respect of his father or his siblings. He began to drink, dance, and fight. He went from relationship to relationship and from job to job. Though he hung around with a lot of other party people, he really had no friends. Gilberto grew to hate his father who stood for honesty and good work ethics—everything Gilberto was not and felt he never could be. He began to believe he was socially useless.

Hector began to walk the streets and looked for ways to antagonize the street vendors. He would generally focus on those who were away from the main groupings and were more vulnerable to his pranks and subtle attacks. There was a girl who sold candy from a tray at the end of one of the streets. He approached her table, pretended he was trying to decide what to buy, and then touched every piece of candy with his dirty sweaty hands. He would play similar pranks on the other vendors until they chased him off.

Teo was looked down on by the children from his own neighborhood because of the color of his skin and the fact that he liked to work as an auto mechanic. This was considered by his uppity neighbors as menial work. Therefore, Teo sought out friends in other neighborhoods that were not so upper class. He found his work as a mechanic gave him great physical strength so he easily defeated even the toughest town bullies. He developed a strong and powerful punch that often seriously wounded his unsuspecting opponents.

When Teo finished intermediate school, he went on to high school in another neighborhood. He found that going to school there put him in the way of even more fierce discrimination. This area had developed groups of gangs that organized against those of different ethnic groups and had regular confrontations with each other and those who refused to join their "organizations." Teo was black and from a poor or lower class section of the city so he did not fit in with any of these groups.

One day a gang called Los Alcapones went after Teo for refusing to back down from one of the local bullies. They chased him for several miles before he was able to escape their attack. This gang made it known they were serious about coming after him and warned him if he returned to their territory they would kill him. Teo discussed the situation with his father who agreed with him it was not worth the risk. He and his father decided it was best for Teo to pursue what he loved and become a great auto mechanic.

His Father enrolled him in the best school for mechanics in the country. Teo was so happy and became an apprentice until he was able to find a job as a German diesel mechanic. He became the number one mechanic in his division and later opened his own business. His business grew into one of the largest in the country. He opened multiple locations and signed large contracts with foreign countries. He employed hundreds of people, even hiring some of those from his old neighborhood who used to make fun of him. He never forgot where he came from and always strove to help those who were willing to work hard and try to better themselves.

Laura endured a year of torment from her peers at the school where she and her sisters attended. This upper class school was only for the rich and Laura decided she did not like this upper class of society very much. She did some research on her own and decided she would focus on her studies and ignore those who sought after status symbols. There was an intermediate school in the center of town that consisted of different socioeconomic students of mixed backgrounds and it was for girls only. She set out to find a way to go to this school. Fearful her parents would not agree and realizing she was actually too young anyway, she came up with a plan. Thus, began Laura's life of deception, one she felt fully justified in pursuing. *"The end justifies the means"* became her motto. People had forced her to resort to these extreme measures by their cruel treatment of her. She had no other choice but to take things into her own hands. She needed to gain control of her life.

Laura used her older sister Lucinda's personal documents without permission to register herself for classes at the intermediate school. Laura felt and did much better in this school and continued to falsify her report cards so she could continue to advance course by course. By the time she was sixteen years old, she was able to register at the local university.

Though her parents may have suspected something was not quite right, they were relieved that Laura finally seemed to be adjusting to city life and was obviously excelling in her school work. Besides, Laura was the first in her family and in the neighborhood to even go to a university. Her parents were so proud of her that they turned a blind eye to some of the things she was doing. Though Laura still had a complex about her nose, she now focused on her academic achievements and that made her proud of herself. Her self-esteem soared.

Laura now proudly demonstrated her intelligence and ability. She began to feel superior to the rest of the world around her. She had gone from a carefree happy childhood in the country into a troubled pre-adolescence and adolescence season filled with drama and psychological scars. Laura wanted to become a nun at one point just so she could escape from society altogether. Since this choice was not really an option, Laura came up with another way to overcome the insecurities and low self-esteem instilled in her during this period of her emotional growth.

She over compensated and became arrogant and prideful. She treated her inferiors with contempt. The servants who worked for her parents left their employment because Laura was impossible to work around. Laura's mother found it more and more difficult to hire and keep help especially after word got around that it was a very difficult place to work.

Laura also developed a taste for elegant expensive clothes. Many of her outfits were imported. She made sure not to dress like anyone else. Even her cosmetics were top of the line. Lucinda, who found she had a skill in the field of cosmetology, would skillfully style Laura's hair and do her makeup so that she could always look her best. When Mariela moved to the United States, she would send Laura all kinds of clothes, shoes, and luxury purses that no one else in the neighborhood had or could get.

Laura became a typical high society girl. She did not want to associate with the poor people of her town. She hated living in her neighborhood. She sought after status symbols just to prove her superiority. She still loved being first, and did all she could to make that happen. She looked for ways to surpass or outshine everyone around her. She was the youngest in the town to ever own a car. Laura remained a leader in her undergraduate activities as well and began to develop some dangerous political ties in her quest for notoriety.

CHAPTER 5

Leaving Her Homeland

Laura was a great speaker, and many different associations and social clubs would invite her to speak at their conferences. Many times her conferences were controversial. Laura was very advanced and many people did not understand her. She often thought very differently than most people. She had knowledge way beyond her time for a person whose country had recently been ruled by tyranny. The people of that time had not yet overcome the thirty years of living under a dictator. Laura liked journalism and advertising so much that she enrolled in a school for broadcasting. Just before she graduated, the students had to be tested on screen. The professor invited only the attractive students and told the ugly ones that they could not attend. She was not invited to participate. Laura decided that she would change her career choice after that, but her fame in the speaking circuit began to cause her some serious trouble.

Although the dictator had been assassinated, the country was still being governed by his successors. For this reason, Laura was forced to flee the country. She left everything behind and went to the United States to be with her sister Mariela.

At first Laura thought that being sent to the United States was a punishment from God to break her pride. She went through a lot of the suffering the first year she lived there. Far away from her homeland she felt alone and forsaken. Everyone was always in a rush. One thing she did notice though was that in America people did not care so much about social differences. Soon though, Laura would find that coming to America was the path to finding everything she had been searching for— happiness, peace, and who it was she was called to be. Laura would come to bless the day she came to this wonderful country.

Laura had to go for an interview to complete her master's degree. The person who conducted the interview was delighted to talk to her. Laura was delighted to talk with such an intelligent man who seemed to be able to speak about any topic. He concluded the interview but encouraged her to call him if she needed anything. As time passed, they frequently called each other. Each time she came away from the call feeling very happy. She considered him a very kind and intelligent man with a great desire to help other people.

One day this man invited her to an activity his congregation was celebrating. Due to the great respect she had developed for him, Laura felt she could not refuse his invitation. The place he had invited her to go happened to be a church where the gospel of Jesus Christ was preached. Laura had never been to a Christian church before. She had actually been afraid to enter such places as Catholics. They had been taught as children to stay away from such places because the people who attended there worshipped the devil. In her country the children in her neighborhood, even her own brothers, had thrown stones at such places. Christians we considered the poorest of society. She was never allowed to be friends with any of these kinds of people.

With her childhood memories spinning around in her head, Laura sat in the very back of the room. She did not want to associate with these people. She was annoyed by everything they did. They prayed out loud. The music was loud and the songs had words that seemed to reverberate in her head making her want to get up and run out of the place. She controlled her fear out of respect for the man who had invited her here.

The preacher was introduced and began to talk about love, forgiveness, and how Jesus had set an example for us of living a loving life. He then explained the evidence or fruit of a loving life. Laura was filled with amazement. She had never heard anyone talk about Jesus that way. Her body started to fill with an intense happiness. She could not hold back the tears. Her throat felt as if she was going to choke. She felt as if her heart was going to burst out of her chest. She saw a bright shining light that lit up her entire being. Her body felt so light it was almost like she was being lifted off the floor. She was so light that she felt she could fly with little or no effort. As she came out of the feeling of ecstasy, she found herself kneeling down facing the floor.

Her life was changed forever. She had met the living God. Jesus had touched her life. Her friend gave her a Bible as a gift. Laura had never read the Bible. The belief of her people was that, if they read the Bible, they would go crazy. As she continued to read her new Bible and attend this church of Christian believers, her faith and knowledge of Jesus and who God was continued to grow. Everything she had been looking for all her life she found in her new relationship with Jesus. The love and acceptance she had so craved she now had as she learned just how much God loved her.

She continued to call her friend and they now talked about what Laura was learning from her Bible and the teaching at the Christian church. Just as she had pursued knowledge and understanding in anything she had ever studied, she sought to know all she could about God and His love and most of all His forgiveness and acceptance.

Growing in Wisdom and Knowledge

One of the most important things Laura learned was how to get rid of the negative thoughts that had filled her mind since those first days in the city school. The thoughts made her feel inferior and began to hold her captive in a world of low self-esteem and trying to achieve acceptance from those around her. Laura sought to overcome her captivity by pouring herself into learning and achieving recognition in academics. As she achieved what she thought she wanted and needed, she covered her insecurities with thoughts of superiority based on her achievements. She became arrogant and condescending to everyone around her.

As she learned of God's great love for her, she realized she did not deserve it. When she asked for forgiveness, Jesus filled her heart with a feeling He loved her and forgave her for all she had done. When she realized just how much He had forgiven her, she knew she had to begin to do the same for others.

Laura learned to free herself by no longer needing to defend her point of view by degrading and insulting others. She also found she had to stop stereotyping and judging others. She found the very things she had hated those around her for doing to her when she was growing up she was now doing to others out of hurt and anger. Her suppressed hurt and pain had manifested in anger. Her fear of rejection had caused her to develop a warlike confrontational spirit. She walked in arrogance and not grace. Her words conveyed condemnation and judgment instead of love and forgiveness.

As Laura learned who she was in the eyes of God, she found she no longer needed to hurt others to feel love and acceptance. She began to forgive those in her heart that had wounded her all the way back to her childhood. As she did she found her heart fill with more and more love and less and less hurt and pain. She began to feel happy and free like that carefree child running through the fields of her father's ranch. Only now her freedom came from running into the arms of her loving Heavenly Father and knowing He loved her unconditionally. There was a peace in her mind like she had never known before.

Laura truly grew in knowledge and grace as she learned the truth of God's love that set her free from the bondage of seeking the approval of others. God became the focal point of everything she said and did and it not only changed her on the inside, it began to transform her on the outside. People saw a very different Laura. Because she now saw everyday as a miracle from God and started each day thanking Him for her life, she could go through her day trusting God to lead her and guide her. Even when things appeared to be out of order or circumstances seemed to becoming against her to bring her down, she trusted God to show her His purpose in everything that was happening around her.

As Laura came to know the God who created her, she realized she was never a victim. He had designed her to be a victor. This meant no matter what the circumstances were around her, God had given her way to overcome them. True happiness and peace came from the transformation God was doing from the inside out. The greatest secret God revealed to Laura was that the world was a mirror of her feelings, thoughts, desires, and interpretations. As Laura learned this lesson, God began to transform her from the inside out.

If she strongly disliked something she saw someone else doing, instead of judging and condemning them, she needed to look inside herself and see the change she needed to make in her first. Her strong reaction to what was happening in the world was an indication there was something inside of her that was not functioning properly. What this did was make her stop and think before she reacted to external situations. When someone said something hurtful or critical to her, instead of lashing out in anger she took a moment to analyze what they said and see if there was a truth God was trying to reveal to her through what they said. Then she would forgive them in her heart for their hurtful words and seek to change the internal problem that had caused her to react in anger in the first place.

Laura was beginning to walk in the freedom of God's love for her and it changed the way she looked at and responded to other people. She no longer gave control of her happiness and joy over to the circumstances of life. She chose to show gratitude to God for all that He created and her life became one miracle after another. Those who formerly were critical and jealous were now her strongest supporters. As she became the person God had designed her to be, she began to bring out the best in those around her as well. Everyone around her noticed the positive changes in Laura.

As she grew in knowledge and understanding of who Jesus was and what He was calling her to do as His disciple, she longed to share all that she had learned with her family. She had already begun to share with Mariela. At first Mariela wondered at the excitement and changes she saw in her sister, and then as Laura shared what she had experienced at the Christian church, Mariela came to see what it was all about. She knew something wonderful had touched her sister and was curious what it could have been so she accepted Laura's invitation to attend the Christian church. God touched Mariela just as He had Laura through the preaching of love and forgiveness. Coupled with the changes she had seen in Laura, it was not long before Mariela knelt and accepted God's free gift of love for herself.

Laura talked with Mariela about going back to their homeland to share the wonders that had changed her life. They had learned that the political unrest had settled and those who would have sought to imprison Laura for her outspoken political views were no longer in power. One Sunday, the Preacher shared how important it was not to keep the joy and gift of God's love to ourselves. He said what she had received was not hers to keep; it was to be shared with others who needed to know and understand how much God loved them. Her job was to share the good news with her family first and then God would lead her to others.

Some of her past feelings of fear of rejection surfaced as she made plans to travel back to her homeland. What if her family rejected her and thought she had gone crazy living in the United States? As she prayed and asked God to give her strength and courage, something within her gave her the strength to go and do what she knew she must do. Her family needed to hear the good news. She knew it would change their lives just as it had so wonderfully changed hers.

However, when Laura returned to her homeland she found she was not the only one from her neighborhood that had been affected by the political scene in her country. Hector and his family were also severely affected by the same volatile political upheaval that had forced Laura to leave her homeland in the first place.

CHAPTER 6

Returning to Her Homeland

Laura had been in communication with her parents after she fled to the United States to live with her sister Mariela. Her father told her a high government official had moved into the neighborhood where Laura and Hector's family lived. Though Laura's father had built a beautiful home, Hector's parents had the most beautiful and prestigious home in the whole community. This apparently really bothered the wife of this influential high government official. She felt that Hector's mother lived a better life than that of an important government official's wife. This was totally unacceptable to someone as influential in politics as her husband was so rumor had it she nagged her husband until something was done about it.

One night, Hector's father did not come home from work. Hector's mother waited until midnight and when she did not hear anything from her husband, she began to contact the local hospitals and police stations. Though the police actually knew what was going on, because it was a delicate political issue, nobody would tell Hector's family anything. After a week of desperate searching, Hector's mother finally discovered her husband had been arrested. The neighborhood grapevine whispered that it was serious and everyone shied away from talking about it openly. It was a time when political arrest was considered almost life threatening. Anyone who asked too many questions or appeared to side with the people under investigation put themselves in danger as well.

Laura's parents, like the rest of the people in the neighborhood, wanted to help, but were afraid to openly offer any assistance. Though Hector's father was eventually released and never convicted of anything, nobody would work for him or with him now and his business finally crashed. When the neighbors saw how effective the powerful official had been at destroying what his wife considered as competition for social status, they all backed off and shied away from contact with Hector's family. Laura's father said it made the whole neighborhood very tense wondering if any of them would be the socially greedy woman's next target.

Hector and his family which had grown to six children over the years were now faced with poverty. Hector's father did finally find a job, but it was not a job sufficient to support his family. His political history and his time in jail kept him from being hired for a good-paying job. He had to accept any employment he could find. Now Hector's mother had to seek employment as well. She found work in domestic services, doing laundry and ironing other people's clothes. They went from being one of the wealthiest to the poorest in a matter of just a few months. They had to move out of their beautiful house and sold all of their belongings just to have enough money to move into some low-income housing in another part of town.

Hector's mother suddenly became very ill from a sickness that left her paralyzed and in a wheel chair for several years before it finally took her life. Hector's brother Juan dropped out of school to go to work and try and help their father support the family. Juan inherited his father's business sense and worked with integrity and dignity at whatever job he could find. He developed a good work reputation and eventually worked his way up through a big company in the area. He went on to open his own business just like his father. He was known for his good business sense and his moral integrity. He dedicated himself to his studies and earning an honest living.

Hector began to earn a living on the street begging. His siblings insisted he go to neighborhoods where they did not know him and not embarrass them. He felt this was the only way he could contribute to support his family. So he would leave early in the morning and come back late at night trying to do his part to help his family survive. Unfortunately, this did not help Hector deal with his self-esteem or to overcome his tendency to bully those weaker than himself. He did beg for money, but he also terrorized and stole from others weaker or unable to defend themselves against him.

Hector allowed envy, resentment, and anger to take over his heart. He felt he was a victim of a cruel twist of fate that sent a rare disease to deform his body, and a cruel society that forced his father to lose his job over a political issue. He also felt religion had rejected him because of the other two factors in his life; so his anger was directed at a God who was obviously cruel, unfair, and prejudice just like society and politics.

Hector became like a wild animal looking for victims to attack. He fed on hurting other people with verbal attacks. His aim in life seemed to be to pierce as many hearts with cutting hurtful remarks as he could. Destroying the weakest of society made him somehow feel better about himself though in the long run he was really destroying himself as well.

When Lucinda saw Laura, she noticed that this was not the same Laura who left for the United States after her political boldness forced her to run for her life. Her tone of voice was different. She did not speak with the arrogance that had so characterized her as an adult. Her outward appearance was different as well.

"Where is your hat?" Lucinda asked. "Every photo you sent from the United States had you dressed in beautiful hats, false eyelashes, and lots of expensive-looking jewelry."

Laura was dressed in a simplistic yet elegant outfit with nothing artificial. She wore no jewelry except her graduation ring. To Lucinda, she looked like a totally different woman.

"I have changed," Laura began to explain with a smile. "I found that I wasted a lot of time, energy, and money trying to impress others. Though I thought it would help build me up in my own eyes, nothing I did on the outside did anything to change the person I had become on the inside. I found I did not really like that person I had become."

"I am glad, sister," said Lucinda. "I have always loved you, but I must admit I did not really like the person I saw you becoming."

"I see that now," Laura admitted sadly. "One of the reasons I came back here to our homeland was to apologize to you for using your papers to deceive the officials and get into the school I wanted to attend. Though it may have been the best thing for me at the time, the way I chose to handle things was wrong. I began to develop an attitude that the end justified the means. I felt I deserved to get the education I wanted because of the way people were treating me. I thought I had a right to go after what I felt I deserved, no matter what method I used."

Lucinda nodded as if she had known all along that Laura had gained her education deceitfully.

"I forgive you. I am glad you did so well in school," Lucinda said sincerely, still amazed at the transformation she saw in Laura. "What has happened to make you change your attitude toward life so drastically?"

"I will tell you everything, but I would like to talk with both you and Gilberto at the same time," Laura said. "Can you contact him and see if we can get together for a meal perhaps later on today?"

"Of course," Lucinda said, wondering what Laura was hoping to accomplish with Gilberto. "Gilberto is not in a very good place in his life right now. I am not sure he will agree to see us."

"I really need to talk to both of you concerning what I have discovered about myself and how I have been able to deal with all the hurt and pain I experienced in my childhood," Laura explained getting excited as she thought about what she had to share with her brother and sister.

She had to admit to herself, though, that she was still apprehensive about how they would receive her when she told them she was now a Christian and attended a Christian church. They had been brought up in a culture that feared the Christian community and stayed away from them completely as if they were the plague!

Lucinda could see that Laura was very excited about what she had learned and truly hoped it would help Gilberto. She had been afraid Gilberto was so depressed and despondent that he might even try to take his own life. She had been trying to stay connected with him but he often refused to talk to her and had not been returning her calls.

"We can try and call him, but I am not sure he will answer his phone," Lucinda sadly shared with Laura. "I have actually been very concerned about him lately."

"Perhaps we should just go to where he is living and stop by and bring him some food," Laura suggested. "If we show up at his door with food surely he will let us in. Do you know where he is living?"

When Laura and Lucinda arrived at his door, Gilberto was afraid to answer it and face Laura. Before Laura had left for the United States, she had asked Gilberto to watch over her brand new car. She had to leave so quickly she had not been able to sell it. One day when Gilberto was drunk, he crashed her car. He was afraid she had come to get it and he had no money or the car to give her. Remembering the intense anger she had developed over the years, he did not want to face her wrath when he told her he had destroyed her beautiful car.

"Gilberto," Laura called out through the door. "Please, brother, open the door and let us in. We have brought a meal to share with you, and I have some very good news to give you as well."

Gilberto detected a different tone in Laura's voice. Was this the same arrogant, self-assured sister who had left for the United States? He peeked out from behind a curtain to get a better look at who was at his door.

Lucinda saw him through the window and smiled with a reassuring smile, "Please Gilberto, let us in. Laura has come a long way to share some exciting news with us."

Gilberto decided he had no choice. Obviously they were not going away and he was hungry. He guessed he could withstand his sister's anger; after all, it was her car. Maybe he could offer to pay her back a little at time once he got a job.

When he opened the door, Laura wrapped him in strong hug. Surprised and feeling so much love in that hug, Gilberto responded with a strong hug of his own. When he looked in her eyes he was even more surprised to see her on the verge of tears.

"I have missed you, my brother," Laura said emotionally. "I have so much to tell you, but first let us eat and you tell me what is going on with you."

Gilberto invited them in with the sweep of his hand, "I apologize for the condition of my home. I have not been feeling well lately."

Lucinda looked at Laura with a sad look behind Gilberto's back. The place was indeed a mess. It looked like the home of someone who no longer cared about himself or life.

Gilberto grabbed a trash bag and swept everything off the table into it, including a pile of dirty dishes and half eaten food. Lucinda grabbed a cloth from the counter, rinsed it out, and began to wipe down the table. She remembered Laura's germ fetish. She wondered how Laura would even be able to eat amongst the filth of their brother's home.

Laura seemed totally unaware of the dirt and obvious neglect of the kitchen and focused her eyes on her brother's face.

"Gilbert, what has been happening to you?" she asked kindly, "Are things not going well for you?"

Gilbert could not take his eyes off of Laura's face. This was not the same sister he had grown up with. There was a light in her eyes that actually made Gilbert tremble. Before he realized it, he was opening up his heart to Laura and sharing everything that had been happening in his life.

"I feel like a total failure," he began as he sat down and lit a cigarette. "Nothing ever works out for me. I have had nothing but bad luck all my life."

There was sadness and also bitterness in his voice that cut Laura deeply to her heart. God had given her such a tender heart that she truly hurt for her brother. He was truly deeply wounded and she felt bad that she may have had a hand in hurting him as well.

"I have had many women in my life, and really cared nothing for any of them. Then I fell in love for the first time in my life. I thought I had found a reason to live and we had a beautiful son together. But then, she left me and stole my son refusing to even let me see him. The judge issued a restraining order because I am out of work and they said I am a bad influence on him."

Gilberto began to sob as he talked about his son. Laura could see that he wanted to be a good father, but felt the world was against him and had taken the one thing he valued in life away from him unfairly. She was more convinced than ever that God had sent her here to help her brother find his way up out of his pit of despair. His next words gave her the courage to try.

"I have thought about taking my own life many times since then," Gilberto admitted. "I cannot even seem to do that! I find myself trapped with no way out. The only comfort I find is in drinking and smoking. Now I even have to borrow money to buy these things of little comfort!"

Lucinda watched in amazement at the compassion she saw on Laura's face. A glimmer of hope surfaced in Lucinda's heart. Maybe Laura could help their brother gain back his life and maybe even his son. Lucinda knew things were bad with Gilberto, but had not realized just how despondent he had become.

"I do not have a job. I have lost whatever little bit of dignity I had attained.

I am going to have to move back in with mother and father. I am truly the black sheep of this family just as everyone has labeled me. If only I had not been born with that speech problem, people would not have treated me as if I was mentally challenged! I know our father never had any use for me. He always thought I was a good for nothing!"

Laura and Lucinda looked at their younger brother, hurting for him as he continued to open his heart up to them in such a vulnerable way. "I thought I had friends that would party with me, but once the money was gone I found they had no use for me. They even despise and humiliate me! I do not even want to go out of the house!" Gilberto was sobbing by now, but there was anger and bitterness in his voice as well.

Laura sighed profoundly as she sought the right words to not only comfort her hurting brother, but show him the way out of the pit he had dug for himself. She sent a silent prayer up to the loving God who had rescued her and asked for His wisdom in how to lead her brother to Him as well.

CHAPTER 7

But God ...

Laura had returned to her homeland with the express purpose of sharing the good news she had discovered about God and Jesus, God's Son, with her family. As she added the knowledge she gained through her studies at the Christian church to what she had learned in her studies of philosophy and psychology, she carefully formulated a loving and compassionate way to bring healing to her brother Gilberto and eventually to her sister and others from the neighborhood where she grew up.

As she listened to what her brother Gilberto had been through since she had left for the United States, her heart was breaking. She saw him as a deeply wounded soul who truly needed the truths she had discovered that had so radically changed her own life. She allowed Gilberto to vent all his pent up frustration, anger, and hurt before sharing the good news she had brought with her to give him. She had the knowledge she needed but knew she needed the wisdom from God to deliver her message in a way Gilberto could and would receive it. In the past her delivery method of truth had been so harsh that it was rarely if ever received by those she directed it towards. Her arrogant judgmental attitude generally negated any good that she might have imparted.

She did not want that to happen today. She felt the urgency of her timing and realized God had sent her here for such a time as this.

Gilberto was in such a fragile condition that he might not have survived another suicide attempt. She looked deep into Gilberto's eyes as she sent a silent prayer up to her loving God for wisdom and the right words to speak to his wounded heart.

With a calm compassionate voice that surprised both Gilberto and Lucinda, Laura began what she prayed would be a life-changing time of sharing with her siblings, "All of us have had challenges in life. Some have had challenges with health, others with professional relationships, and many with economic issues. These challenges are accompanied by fear and often resentment at having to endure such hardships. I myself harbored resentment against those who ridiculed me for what they considered a defect in my physical appearance that I had absolutely no control over. I allowed those feelings to accumulate deep within me and eventually they manifested as uncontrolled rage. I ask you both to forgive me right now for the many times I unleashed my rage on you for something that was going on within me."

Totally dumbfounded by Laura's confession and request for forgiveness, Lucinda and Gilberto looked at each other and then at Laura and said almost simultaneously, "I forgive you."

With genuine tears in her eyes, Laura whispered an emotional, "Thank you. I know I don't deserve your forgiveness, but I thank you for extending it to me!"

Taking a deep breath to gain control of her emotions once again, Laura continued explaining what had happened to her, praying they would see the connection to their own lives, "Many of my patterns of behavior began during my childhood. I remember how happy I was in the country, and came to resent the fact that I was taken away from a life that seemed so perfect to me. But I also see where much of my happiness came from the fact that people never corrected my inappropriate behavior out of respect for our father's position in the community. I was in a place of being number one without truly earning it. When that was taken away from me, I began a behavioral pattern of blaming others for my circumstances and refusing to take responsibility for making the necessary changes in myself."

As Gilberto and Lucinda listen intently to Laura's evaluation of her early childhood, they could hardly believe their ears. Much of what

Laura was saying were the thoughts Lucinda had as she sat in school and at the dinner table listening to the praises Laura received while wondering what she had done to deserve such accolades. Gilberto had always been almost insanely jealous of Laura feeling he could never live up to her level of achievement especially in the eyes of their father.

"Though in the beginning I felt secure in my ability to please our parents, I was to learn that mother had already chosen Mariela as her favorite to groom for social success. Then when the children of our new school focused in on my physical defect, I vowed to prove my worth in other ways while blaming them for my fits of anger and inappropriate behavior. I have already apologized to Lucinda for deceitfully using her papers to get ahead academically. You were right to challenge me on that Gilberto. I did achieve success through deceitful means. I truly regret those actions." Wondering what more Laura could say that could possibly surprise them more, Gilberto and Lucinda were shocked to their core with Laura's next statement.

"We cannot blame anyone but ourselves for the condition of our lives. We all have patterns of behavior that started in our families, but blaming our families or society can leave us stagnant and unable to prosper. If we live in a victim mentality the same problems will repeat in our lives over and over again. The only way to truly overcome is to forgive and forget what was done to us in the past and look at each new day as a gift of life and opportunity. We each have the responsibility to change our own way of thinking, feeling, and acting. The truth of the matter is we cannot love anyone else until we learn to love ourselves. I know that sounds self-centered, but if we cannot accept and value ourselves the way we were created by God then we will not be able to accept and love others the way they are. None of us are perfect and we never will be. We must realize that, even though we are not perfect, we can still accomplish the purpose we were placed here on earth to fulfill. We are the ones that put unrealistic conditions and expectations on ourselves. Therefore, we are the ones that can adjust these mindsets."

Gilberto and Lucinda looked at Laura as if she was talking in riddles. The one thing they could not deny was there had been a wonderful positive change in her. If what she was trying to explain to them caused this change in her, they would listen to all that she had to say.

"Why do we mistreat our bodies? It is because we do not value ourselves the way we are. Until we see the intrinsic value within us and what is unique about us, we have trouble accepting anything about us that is different from someone else. Each of us has a unique role to play in life's journey. How we play our role and fulfill our position affects not only our own lives but the lives of those around us. I was so self-centered that I could not see beyond my own hurt. My pain caused me to hurt many people, especially those closest to me. The things I said and did hurt both of you because I was only thinking of how unfair life was being to me. I had no idea at the time that the things I did and the choices I made would affect each of you as well. Again, I humbly ask for your forgiveness. I never intended to hurt either one of you though I know I did."

If Laura's plan was to shock and astonish her brother and sister, she had accomplished her purpose. They were so beyond being able to relate to the massive changes in their once selfish, self-centered sister that all they could do was nod their heads indicating they forgave her.

"We each have to choose to change ourselves starting with our thoughts and mindsets. It sounds impossible, but I am living proof that it can be done."

Gilberto was sitting on the edge of his seat, fully concentrating on what Laura was saying. He was beginning to experience hope deep within his heart. Lucinda suddenly realized she had been sitting with her mouth open and her hands clutching the edge of the chair. They both had come to realize that what Laura was saying was that life was wonderful and joy could be experienced in spite of what was going on all around them.

Laura suddenly realized she was exhausted. She believed she had shared what God had sent her to share for today. She suggested they all go to bed and she would continue her story tomorrow. They all agreed. Laura was pleased that both her brother and sister gave her genuine hugs as they parted for the evening.

Laura slept a deep and peaceful sleep while her brother and sister replayed everything she had said to them trying desperately to believe that Laura had discovered the secret to happiness. What had happened to her in the United States that had brought about this wonderful positive change in her? They could hardly wait to meet with Laura the next day.

This time there was no beating down the door. Gilberto was waiting on the porch anxiously watching for his sisters to arrive. He had cleaned his place and even had clean glasses of water and fresh fruit he had asked his neighbor if he could pick off their tree. Laura was pleased she saw a spark of life in her brother's eyes and anticipation in Lucinda's face. She had once again sought the wisdom from above knowing today would be a pivotal day in the lives of both her brother and her sister.

"Laura, what is the secret you have discovered that has you feeling so happy," Gilberto said as he sat down directly in front of Laura and looked her square in the face. "I want to know it all. I want to feel the same way about life that you do!"

Lucinda grabbed Laura's hand and added an excited, "Yes, please! Me, too!"

Laura was excited, but wanted to make sure she stayed on God's timing for sharing His wonderful secret with her beloved brother and sister, "We all want things to change, but why should we wait for the world to change? Do we really think if we wait long enough it will just change by itself?"

Gilberto and Lucinda immediately saw the wisdom in this line of thinking.

"We agree that the world will not change by itself. The truth is, we are the ones that must change. I cannot change you and you cannot change the world. All we can change is ourselves."

Again Laura could see that her brother and sister were seeing the truth she was leading them through.

"If we are honest with ourselves, everything that happens throughout our day is a product of our own mindset. Perhaps we cannot control what people say to us, but we can control how we react to what they say. We can cause a fight or we can find out what needs to be done to change the situation from a negative to a positive. For example, I did not like it when people told me I talked too much. I thought I would attain more knowledge by asking questions. I could argue with the teacher who told me I talked too much or I could write down my question and respectfully approach her after class and ask her to give me more information about what she was talking about. Which way would make my teacher respect me and like me more? Unfortunately, when I was in school I chose the wrong way to respond and because of that I set into motion a series of events that led to some very poor choices. Was it the teacher's fault that I went on and deceived other teachers so I could get what I wanted?"

Lucinda remembered that day in class when the teacher told Laura she talked too much and called her a big mouth fish! It was true that Laura was never the same in class after that. Instead of being eager to participate, she had withdrawn and become very sullen. At the time Lucinda thought it was a good thing because she had been jealous of Laura's popularity in the country school. Now she saw how that incident went on to shape Laura's future choices. She felt bad she herself had not handled her part of the incident better either. She made a mental note to ask Laura to forgive her for not feeling bad for her and helping her after the teacher had publically humiliated her.

Gilberto, too, was reflecting on how he had responded when his family had made fun of him when he was unable to speak as a young child. Though he did not understand much of what they said to and about him, he always felt they were making fun of him and considered him stupid. His memories of that time of his life had caused him to feel inferior to them and jealous especially of Laura who definitely had the gift of gab. He smiled as he thought how much she had loved to talk.

"Some of our memories are good and help us to feel good about ourselves, but some fill us with sadness and pain. Whether they are good or bad, we cannot dwell on them. We must look at where we are now and determine what we need to change about ourselves so the past no longer holds us captive. Even good memories can hold us captive. After we moved to the city, I continued to dwell on the wonderful memories of the life I loved in the country. Often I wished I could go back to those carefree days and it caused me to be unhappy with my present situation. For example, instead of making new friends in the neighborhood while I waited for school to start, I sat in my bedroom window watching the world pass me by as I daydreamed about how wonderful my life had been living in the country. I wonder how much different my life would have been if I had already established solid relationships with some of the other children in the neighborhood before we started school instead of allowing the memories to hold me captive in the past?"

Laura used her own life as an example to explain the truths God had been revealing to her. This gave Lucinda and Gilberto the chance to draw their own conclusions about choices they had made to let the past hold them captive. Instead of being judgmental and accusing her siblings of allowing themselves to be held captive and refusing to change, she walked them through the way she had found to deal with her own past.

Gilberto closed his eyes as he walked back through some of his life choices. He saw how he had indeed allowed his past to keep him from moving into a happy productive future. Lucinda realized though she had blamed her mother for labeling her "a fat black pig." She could have made her own choices about what to change to not allow those hurtful words to hold her captive a good portion of her life and nearly ruin her relationship with her mother.

"What do we need to do?" Lucinda asked.

"How can we begin to do this?" Gilberto asked. "I want to but I fear I have gone too far into the pit of despair. Is there really hope for me that I can change?"

"Yes," Laura said excitedly. "A great place to start is by getting to know more about the God who created us. I have learned so much from attending the Christian church. Do you know where there is one nearby?"

Lucinda gasped as if she was being choked. How could Laura even suggest such a thing?

"Oh, no!" Gilberto nearly shouted, "Christian people are possessed by the devil!"

"Please, Gilberto, do not judge people you know nothing about," Laura pleaded. "I used to think the same way. Do not be manipulated into believing something you have not checked out for yourself. I know we were led to believe Christians were strange, but I have discovered they are the most amazing people. They are the ones that helped me learn all these secrets I have been sharing with you. Please just promise me you will think it over."

Laura had the wisdom to now leave the situation in God's hands. She had shared what God had done in her life up to this point. She knew until they accepted the truth of God as their creator and how much He loved them, they could not move forward in changing the mindsets that had held them captive for so long. She devoted herself to praying for her brother and sister and waited for God to touch their hearts just as He had hers.

A few days later, Laura received a call from Lucinda. She and Gilberto were ready and wanted to attend the very Christian church Gilberto used to throw rocks at as a child. Laura met them outside the front of the church. She could hardly contain her excitement. She knew God would touch their hearts this very night.

Gilberto and Lucinda felt very awkward as they sat down toward the back of the church. These people were very different from any they had associated with in their neighborhood all their lives. As they looked around they could see these people were not of a high social class. There were no fancy purses or elegant attire. Gilberto and Lucinda did not know what to make of it all. Laura knew it was because this church was full of humble people who truly desired to serve God by serving others. The atmosphere was filled with peace, love, and a true spirit of joy. Her siblings had never been in such a wonderful atmosphere.

As the pastor approached the podium at the front of the church, he looked out at the congregation. When his eyes came to Gilberto and Lucinda, his face shown with such joy that it penetrated their discomfort and they began to feel more comfortable even before the man spoke a word. Then he began to talk about Jesus and how He chose the men who would be His disciples. As he spoke about the kind of men Jesus chose to work with Him, Gilberto realized these were not rich, influential people. Jesus chose the humblest and simplest common people to work with Him and then carry on His work throughout the whole world. This immediately caught Gilberto's interest.

Lucinda listened intently as the pastor spoke about people from all walks of life and of all colors who were called to come alongside Jesus and help Him accomplish His mission on the earth. She had never heard anyone speak about God and Jesus in this way. At first she wondered what people would think if they saw them come into this church. Now she did not care. She just wanted to know more about the way God did things and why these truths had made such a difference in the life of her sister, Laura.

Gilberto and Lucinda listened to the message of God's love and when the pastor asked if anyone wanted to accept Jesus as their Lord and personal Savior, both of them eagerly raised their hands. They no longer cared what others thought about them. They just wanted the joy, peace, and love that Laura had found and realized it all had to do with God and His Son, Jesus. The whole church rejoiced as they prayed with Gilberto and Lucinda. They were each given a Bible just as Laura had and she sat with them as they began to study and get to know God on a much deeper level.

Gilberto became a powerful evangelist in the neighborhood. He went into the streets and read the Word of God to everyone who passed by him. He quit smoking and drinking. He was a totally different man. He was able to secure a good job and did not let the negative comments or opinions of others keep him from working hard and testifying of the love of his Lord and Savior.

CHAPTER 8

The Production

The three siblings spent many hours together studying and reading the Bible.

They grew closer than they had ever been. One night as they were studying together, Laura said she had been thinking about something she wanted to share with them.

Laura had worked as a playwright in the United States, "I have a great idea for a way we can deliver our message of God's love to even more people."

"What is it?" Gilberto asked, always excited about an opportunity to spread the gospel message.

"The theater is a very effective means to deliver a message. We would have to work hard and we would need the pastor's approval, but the fruit we would reap would make it all worthwhile, what do you think?"

Lucinda still could not get accustomed to the way her sister now sought their opinion and enjoyed discussing even her teaching ideas with them.

"What do we need to do to present the idea to the pastor?" Lucinda asked.

"What can we do to help?"

"Let's put together a rough draft of what we think the play would be about and see what the pastor thinks," Laura suggested. "Help me put together a storyboard."

The synergism that began to flow between the three siblings was amazing to watch. Because of their very differing gifts and talents, the story grew into a wonderful testimony of God's love for every human being no matter what their position in life. Because their perspectives about life were so very different, they were able to incorporate a great variety of truths within a relatively small core of main characters.

When they had their storyboard, they presented the idea to the pastor. He rejoiced over their creativity and was blessed at the work God was doing in and through them. He eagerly endorsed the project and offered the church building for rehearsals and building the props they needed.

"May we hold auditions here as well?" Laura asked.

"Of course," the pastor said laughing at her enthusiasm. "Let me know if I can do anything to help. Once you get going and think you have a possible date for the production, let me know and we will start getting the word out. May I suggest we do an outdoor presentation? Perhaps more people will come and watch if we do not make them think they have to come inside our church building to enjoy a free production."

The three looked at each other and smiled remembering their own anxiety about going inside the Christian church. They agreed wholeheartedly with the pastor's suggestion. Auditions began the next day and characters were more deeply developed. It was a wonderful project that grew stronger and more powerful as they developed the story based on the lives of their main characters. As they began to work on the final preparations for actually beginning rehearsals, they felt there was still no actor for one of the main characters. They had not yet found the right person for this very important part.

Laura, Lucinda, and Gilberto prayed diligently for God to send them the right person for this part. Then one day as Gilberto, Lucinda, and Laura were on their way to a Sunday morning church service, someone shouted at them in a mocking voice.

"Hey, Gilberto, the drunkard, do you think God loves me? Does your Christian God love even someone like me? You are just a lowly salesman, what do you know about life and love?"

Gilberto turned toward the voice, not out of anger, but seeing an opportunity to share God's love with someone who obviously needed to know it was true.

"You are right my friend, I am a salesman. I sell the Good News of God's gift of salvation to all of mankind. Come closer my friend and we will talk about the Good News I have for you," Gilberto invited compassionately.

Out of the shadows came Hector, the neighborhood bully. As he approached them he noticed not one of them looked at him with disgust. They did not seem angry at his mocking jabs either. Being curious about who the women were with Gilberto, Hector decided to continue the conversation.

"Well, Gilberto, I see you have a beautiful new girlfriend. She must not be from around here or she would know you are a drunkard who now goes to that 'Christian church.'"

"Hector," Laura said with a smile, "Don't you recognize me? I am the ugly girl from the neighborhood. I am Laura, the girl with the big nose."

"No, you are gorgeous. You could not be the same girl who used to run away from me in fear," Hector said reminding her of her horrible treatment of him.

"No, I am the same girl and I am sorry for the way I used to treat you," Laura said sincerely. "I could not see the beauty inside of me so I could not see the strength inside of you."

Hector looked at her in total disbelief.

"So many people made fun of me that I began to believe what they said about me," Laura explained. "When I believed what they said it made it seem true to them as well. But now I have discovered I am beautiful in the eyes of God who created me to be His special child. When I began to feel beautiful on the inside I began to look beautiful on the outside. I changed the way I looked and thought about myself and that changed how others saw me as well."

"You are making that up," Hector said, still not convinced this was not some trick Gilberto was playing on him. "Prove it."

Laura thought for a minute and asked God to show her how to prove to Hector that beauty begins on the inside.

"I once wore a beautiful pink dress to an Easter Sunday service," Laura said. "On the way home from church I had a fight with Gilberto and would not walk with my family as we left the church. I was pouting and feeling sorry for myself when you popped out from behind a fence and told me I looked ugly in pink. You told me only pretty blond girls were allowed to wear pink. I was so upset I ran home crying and burned my beautiful pink dress and refused to wear pink ever again."

"Oh, my," exclaimed Lucinda, "That is why you burned that beautiful dress? I never could figure that out!"

"I know," Gilberto laughed, "Mother sure was angry when she discovered you had lit the thing on fire!"

"No one saw us and no one knew about it but you and me," Laura said to Hector.

"Now do you believe me?"

"That is true," Hector admitted. "I waited for you so I could make fun of you because you had run out of my house without even talking to me that day you came to watch TV."

"I was very unkind to you, Hector," Laura said sadly. "I should never have treated you that way. God has shown me that everyone has a strength and beauty deep inside of them if they will just accept it and release it."

"Laura is right," Gilberto added. "You have an amazing strength within you. You have survived from a disease that many would not have lived through. Then you and your family survived when your father was unjustly accused by the powerful politicos who tried to take over our country."

"We know you worked on the streets to try and help your family during that horrible time," Lucinda added remembering what her father had said about the horrible way Hector's family had been treated.

Hector could not believe these three people were the same three children who used to live on the same block as he did. He also could not believe they would even talk to him now even though they obviously knew what had happened with his father. Most of the people he had ever known would have nothing to do with him even though his father had never been charged with any crime.

"Hector," Laura asked gently, "Do you believe in God?"

"Believe in God?" Hector asked with a cynical laugh. "Oh, I have looked for God, but He has been hiding from me. He knows He cannot defend Himself against my questions. He knows He has wronged me on so many levels. He condemned me to suffer from a rare illness that the doctors could not cure. Then He sent my family into poverty and struck my beloved mother down with a deadly sickness. God is to blame for my miserable life and I have often asked Him why He even let me be born. He has no defense to explain why He chose me to be this way. We are like the dumb animals and only the strong are meant to survive. If I had not learned how to fight for myself, I would have died a long time ago."

"I have asked God some tough questions, too," Gilberto said. "I asked Him why I could not speak until I was ten years old. I asked Him why people discriminate against other people and treat them unfairly and hurtfully. I even asked Him if He made a mistake when He made me."

"You do not look like a mistake," Hector said getting right up in Gilberto's face. When Gilberto did not back down or take a threatening stance, Hector decided it was safe to continue. "I am the mistake. Perhaps God only makes one mistake per neighborhood. The thing I see about God is that when He makes a mistake He does not seem to have the power to fix it. Why would He leave someone like me here on this earth? Why would He put up with the way I have treated so many people as I have tried to get even with them for the way they have treated me?"

"I am so glad you asked those questions, Hector," Gilberto smiled. It was just the lead he needed to explain to Hector God's love for the lovely and the unlovely. "I used to wonder many of those same things, but what I have discovered about God is that He is no respecter of persons. He does not care if we are rich or poor. He does not care if we are white or black. He does not care if we are considered beautiful or ugly by others. God has created each of His children different on purpose. He does not see any of His creations as ugly. To Him we are all beautiful in His sight."

Hector shook his head in disbelief. Now he was convinced for sure that Gilberto had gone crazy from going into that Christian church. He smiled to himself when he remembered how Gilberto and some of the other boys used to throw rocks at the church doors and windows even on Sunday when there were people inside.

"Let me show you," Gilberto offered as he opened his Bible to the very beginning of the book. "It says that God created everything and when He looked at what He created and he said it was all good, very good! You have told me yourself that you believe God created you. When we go over a few more pages, it says that God created man in His very own image. Do you know what that means Hector? That means you were created by God and He created you to be like Him."

"What? Are you crazy?" Hector said. "I saw the statues in the church when my mother took me there to light the candles. None of them looked anything like me!"

"But Hector," Gilberto asked, "What did those people look like on the inside?"

"I don't know," Hector said wondering what on earth was wrong with these people! "I can't see inside anyone. Nobody can!"

"Exactly!" Gilberto said excited that Hector was beginning to understand. "Only you and your creator, God, know what you really look like on the inside. God can see you as you really are. He wanted you on this planet because He knows what you are and what you are capable of accomplishing."

"Me?" Hector asked. "What can I possibly accomplish? People look at me and are either afraid of me or repulsed by me. How can I do anything? I am broken and I can't even fix myself."

"Oh, but you can, Hector, you can be exactly what God created you to be," Gilberto said with conviction. "He created you to be strong and fearless. Do you really want to stay the way you are? Do you want to remain in a state of anger and pain or do you want to begin to accomplish something with your life? Do you want to show the world who you really are on the inside, or do you just want them to see the bitter angry man you have become on the outside?"

Hector had to really stop and think about that for a minute. He had been so used to being angry and bitter that he wondered if he could truly ever feel anything else.

"How is that even possible?" Hector asked as he felt the first spark of possible hope.

"Tell God you love Him and thank Him for making you in His image from the inside out," Gilberto patiently explained.

"Thank God? Are you serious?" Hector said thinking this had all been a hoax. These people had just been playing a cruel trick on him. "Love Him? How can I love a God that has condemned me to living in hell even while I am still alive? What kind of God would do that? How can you expect me to love a cruel and unjust God? Do you know how many people feel like me? They don't speak up and say it because they are afraid they will be punished by God. They don't love God they are just afraid of Him. Well, I am already living in hell so what do I have to be afraid of? You want me to love God and thank Him for this? Don't make me laugh."

"Look, Hector," Gilberto said compassionately, "God is our creator and He is like a potter. The potter who works in the shop in the village makes lots of different kinds of pots, right? He makes them all different because they are for different purposes. Some of them are very pretty on the outside, but they are just meant to be decorations. Then there are those who are not so pretty on the outside, but they are very strong and useful. They will not break so easily and can be used for things other pots cannot. We are like those pots. God has made each of us for a different purpose. We each have a special mission given to us by God."

"What mission could God possibly have for me?" Hector asked laughing at the thought. "Most people don't even think I am human. They think I am a monster or some kind of extraterrestrial. I have even wondered that myself. There are many times I wish I had never been born."

"I have felt that way, too," Gilberto shared honestly with Hector. "I was in a very deep despair and even tried to take my own life several times. I could see no purpose for my life. I did not think anyone could ever love me and I hated the life I was living. I was living like a slave just drinking and smoking trying to get rid of the pain and hurt. But now I am free. Don't you see that I am different now, Hector?"

"I know you were a drunkard, Gilberto. I saw you drunk and even sleeping in the gutters," Hector admitted. "It is true I have not seen you like that in a long time. You do look cleaned up and different ..."

"My sister Laura came to me one day and told me I did not have to live that way any longer, just like I am telling you," Gilberto said excitedly. "I saw how much she had changed and I saw happiness and joy in her that I wanted in my life, too. I know you understand firsthand how the dictator tried to make slaves of all of us, but look how our people finally got tired of living in bondage and broke free from that slavery. Don't you want to be free of the bondage you have been living in, Hector?"

Hector could not help himself, he began to cry as he thought of the way he had been living his life. All that Gilberto had been saying was true. Gilberto, Laura, and Lucinda looked and acted so differently. They had stood here and talked to him about God and love and freedom instead of criticizing him and telling him how mean and cruel he was like they used to do. Laura had changed so much he did not even recognize her. When he looked at her she smiled and he could see she had a joy that made him want to believe he could change.

"Yes," Hector said as he choked on his tears, "I want to stop living like this, but can I truly experience the joy and happiness I see on your faces? I have been this way for so many years, how can anyone, especially God forgive me? I have hated Him and blamed Him for everything that has happened to me. I have cursed the day I was born. Even if God did love me before there is no way He could love me now. Of all the people in the world, I am the most unlovable!"

"It is true we are all unlovable," Gilberto admitted, "But God loves us anyway. In fact He loves us so much that He sent His Son Jesus to die on a cross for our sins so we could be forgiven and not only go to heaven when we die but live a life of peace, joy, and purpose while we are still here on the earth. Jesus died to break those chains of bondage off of us and He has given us the power to choose for ourselves not to live any longer under any kind of slavery."

"I remember when I went to the church with Mother. I saw the cross with Jesus hanging on it," Hector said sadly. "But He looked so sad, and He was dead. Mother said He died for our sins, but then a man in the church was cruel to us so I always believed what Jesus did never included me. Everything that happened in my life seemed to prove that was true."

"We all know how cruel people can be to those of us who look and act different, but Jesus died for everyone," Gilberto assured Hector as he turned a few pages in the Bible he was still holding open in front of him. "Look at what the Bible says, 'For God so loved the world that He gave His only begotten Son that whoever believes in Him should not perish but have everlasting life. For God did not send His Son into the world to condemn the world, but that the world through Him might be saved.'"[6]

Hector could no longer hold back the tears, "Does God really love me? Did Jesus die for me, too? Can a horrible person like me really be saved?"

"God loves us just the way we are. God is love. Jesus was the true example of God's love. The first step to breaking the bondage that has kept us from true joy and happiness is to believe in that love and accept the free gift of salvation He has given us. Will you pray with us right now, Hector, and accept this wonderful gift from God?" Gilberto asked gently.

"Yes," Hector said as Gilberto took his hands in his.

---

[6]   John 3:16-17 NKJV

Conclusion

Gilberto, Lucinda, and Laura continued to mentor Hector as he grew in his knowledge of the God who he had discovered loved him so very much. There were all blessed to see Hector change almost daily as he dealt with the hurts and wounds of things all the way back to his early childhood. He stood taller and walked with a new confidence. There was a friendly smile on his face now instead of the "I dare you to talk to me" confrontational face that used to greet anyone who even glanced his way. Though the exterior scars were still there, they seemed to dim in contrast to the glow of joy that now seemed to radiate from him. Even he could not believe the transformation he was experiencing just by changing the way he thought about himself and the wonderful loving God who gave him life and a purpose.

The former neighborhood bully became a wonderful servant to those he used to victimize.

One morning Gilberto, Lucinda, and Laura showed up at Hector's door with the script from the play in their hands. Laura had explained to her brother and sister how she had used the theater to help some of her clients in the United States to overcome some of their emotional trauma with great results. In fact Laura had already applied for her license so she could begin to offer her counseling help to those in her own homeland. She was also working with the pastor to help those with emotional trauma in their church begin to receive additional healing through the professional training Laura had received while she was in the United States.

Gilberto and Lucinda were excited about the part they were going to ask Hector to play in the production. They all felt he was the missing "actor" they had been looking for.

Gilberto greeted Hector and then immediately said, "Hector, we are here to talk to you about playing a part in the production we are working on."

Hector was so surprised he could not even think of how to respond, "Seriously? You want me to be part of your play? But aren't all of your actors good looking?"

"No," Gilberto said emphatically. "There are many different actors because we want to show God's love is for everyone. We must show people God does not judge people by their outward appearance. Each of the actors has a special purpose and role to play just like we each have a purpose in God's plans for His people. You have a wonderful sense of humor, Hector, and it would bring great joy to the audience. You will also get paid for your time and work. Do you know how to read, Hector?"

"No," Hector said sadly, remembering what it was like to try and go to school. "I was never accepted or allowed to attend school."

"Don't worry. We will record the script for you so you can listen to it and then memorize it that way. Many people find that is a better way to learn their lines anyway," Laura assured him.

Hector memorized his parts with no problem using this system. He was very excited about being part of this wonderful production. He loved being around the church people who treated him with love and acceptance. He was loved by everyone and his presence was very much appreciated by the whole group working in and on the production. He was a hard worker and always did above and beyond what he was asked to do.

Laura found she had a lot of influence in her country because of her diplomatic career and got many businesses to sponsor the play. They began to advertise it all throughout her nation. The script was well-written and everyone enjoyed the humor that permeated the entire story, though it never lost its powerful impact on its audience. Because the characters were based on a real life story about a neighborhood bully and the consequences of people's choices, it moved people to laugh and cry at the same time.

Laura invited one of her friends from Broadway who was so moved by it that he used his influence to get many areas to broadcast and sponsor it. They were invited to perform in the biggest theater in the country to a sold-out audience. It became one of the longest running plays ever to be held in that theater, running strong for the next six months. Hector was the biggest star of the play. He was excited that the story of how God had transformed his life went on and transformed the lives of so many other people.

The little Christian church in their neighbor grew from fifty to over one thousand members and they had to move to a larger building.

Laura traveled back to the United States and eventually married a man who owned a limousine service and was able to travel all over the world sharing the message of God's love wherever she went.

Gilberto became a great evangelist both nationally and internationally. His campaigns were sponsored by hundreds of churches and always filled the conference centers to full capacity. Many thousands of people came to know the Lord though his evangelistic conferences.

Lucinda built a foundation that sponsored homes for the homeless and helped counsel women on educating and providing for their children.

Hector went on to work in the film industry, developing plays and scripts with a spiritual message.

Ten years later, the neighborhood Hector frequented that had been a place of unrest and violence became a New Jerusalem. Many of the youth became pastors and leaders in various denominations working together to reach people of all backgrounds and cultures. They truly emulated God's heart of living in service and harmony with one another.

REFLECTIONS ON THE CHARACTERS

The decisions these characters made as a result of blaming others and not taking responsibility for their own feelings and reactions to their circumstances influenced not only their individual lives, but the lives of those around them. Each of these characters dealt with what they considered unfair and unjust treatment done to them by others in a different way.

Each of these characters had to learn that by taking personal responsibility instead of looking for someone else to blame, they began to change their thinking and take control of their lives instead of letting their circumstances take control of them.

In this section, I will do a counseling session with each of the characters to help you as the reader not only relate to them, but see what you may need to do to deal with your own inner wounds in a positive way. I will add some suggested interactive activities at the end of each counseling session to get you started in this healing process.

I would also suggest you journal your thoughts as you go through this section and then discuss what you are learning about yourself with an accountability partner, pastor, or trained counselor.

Laura

In Laura's pre-teen and teenage years, life was very difficult for her. She went from a carefree happy life in the country where she was well liked and even respected by her authority figures and her peers to a totally opposite culture where she became the victim of jealousy and cruel criticism.

Instead of looking inside of herself and seeing God made her just the way He wanted to and designed her for a specific purpose and plan, Laura chose to believe the lies spoken to her about her outward appearance.

"I was told so many times that I had an ugly big nose," Laura shares, "I began to believe it. I would look in the mirror and try to think of ways to disguise who I really was."

When Laura tried to change her outside appearance, she also began to change her own opinion of who she was on the inside.

"I thought if I could just have a smaller nose everything else would be fine," Laura admits. "I think I was actually blaming God for making a mistake when He made me this way. I even began to write some poetry of sorts in my journal during this time that reflects some of my inner thoughts. Here is a prayer I wrote during this painful time in my life:

> *God, I look for you in the sea, in the mountains, and in the heavens and even in the churches. I cry out to find comfort but I can't find you. Where are you my beloved God that you can't hear me? Give me a sign that you exist so that I can find comfort even in my sadness. Father God, where are you? Give me a reason for all this suffering. Give me strength to continue on. My cross is too heavy for me to bear and I fall. I need Simon Cyrene to help me up. What have I done to deserve such torment? Why has my life punished me in this way? Forgive me of all my sin and of all my wrong doing. I fully repent, please take this burden and lift this penalty from me which is so hard to bear. My soul will be sad until my death. I know that I am a child of God but this pain I carry within me*

has broken me. My soul is thirsty for you Lord. I need living water to satisfy my soul which is filled with anguish and discontent."

Through prayer Laura was able to alleviate some of her pain through the hope that nothing, including hardship would last forever. However, she buried her hurt so deep within her soul that she disguised who she really was. Then she covered up her pain by appearing prideful and trying to become something she was not.

"I became very difficult to live with," Laura remembers. "My mother found it very hard to keep help because I was so unkind to those I considered below me. I think somehow making them feel bad made me feel better or at least superior. I didn't like who I was so I didn't like anyone else either."

Instead of seeking to discover how she could develop her obvious intellectual skills and make a better life for herself and those around her, she became very selfish and self-centered. She wanted things that would make her unique and truly different from everyone else so she could rise above them to a status she determined made her life worthwhile.

Through the gentle guidance of a really caring Christian professor, Laura was introduced to the unconditional love of God. Once she realized she did not have to strive to attain His love, Laura began to search for Him, why He had made her the way He did, and what He wanted her to do with her life. She began to see God's plan and purpose for her and this filled her with real joy; a joy no one's comments or opinions could steal from her.

"I found I could stop trying to please everyone else around me," Laura explains, "All I needed to do was find out how to please God. But even then I knew He would not withdraw His love from me even if I missed it and did something that might displease Him. Once I understood the free gift God had given me through Jesus Christ, I strove to become the person He designed me to be, not what someone else thought I should be. My life is now filled to overflowing with joy and love."

Laura's new found faith in Jesus and the joy she began to experience in life began to overflow to those around her. When she read in her Bible the Great Commission Jesus gave to His disciples, she excitedly asked God to send her first to her own family and then to the world with His message of love and redemption.

Your Personal Reflections:

- *Are you like Laura?*
- *Have you allowed the opinions and hurtful criticisms from others cause you to look at yourself through their eyes?*
- *Whose eyes should you look at yourself through?*
- *Who created you the way you are?*
- *Why did He create you that way?*
- *What revelation have you received through reading Laura's story and sharing?*
- *What changes do you need to make in your own life based on what you have learned from Laura's story?*

Note: If you have never accepted the free gift from God through Jesus Christ, why not take that step forward today? Ask God to forgive you of your sins and thank Him for the free gift of salvation purchased for you by His beloved Son Jesus.

Read Romans 10:9 and then use it as your prayer today.

> *I confess my sins, Father God, and ask You to forgive me. I confess with my mouth that Jesus is Lord and believe in my heart that You raised Him from the dead and through Him I have received salvation and forgiveness. Thank you Father God.*

Gilberto

Gilberto suffered another kind of word violence in that he was ridiculed because of the speech impediment he suffered as a young child. He was made to feel like he was not intelligent and would never amount to anything in life. This developed into an intense jealousy of first his siblings and then those around him that he felt we given talents and gifts that he was for some reason not given. His response to this childhood treatment was to develop what Laura later called a warlike spirit.

"I always felt sorry for myself," Gilberto shared, "I called myself unlucky and unfortunate like I was always at the wrong place at the wrong time. Even when God handed our brains, gifts, and talents it was like I was either absent that day or at the end of the line and He ran out by the time He got to me."

Gilberto developed a victim mentality that started on the inside with his thoughts of how inferior God had made him and then they manifested in his aggressive overcompensating behavior on the outside.

"I used to get so frustrated when I could not communicate with my brother and sisters that I would hit them to get their attention," he remembers. "Then of course they would get angry with me and I would be punished for hitting them and was still unable to communicate whatever it was I had wanted in the first place. I was a very frustrated and eventually angry child."

In effect, Gilberto was also blaming God for not giving him what he thought he needed to survive and achieve success in the world he was born into. This same behavior pattern continued even after Gilberto was able to speak and communicate with others. By this time he had already convinced himself that he would never amount to anything in life.

"I felt like my father could not even stand to be around me," Gilberto shared, "I know he admired my brother who was so skilled with his hands just like my Dad. Not only could I not communicate, I think my father thought I could not be taught either. He just gave up on me, or at least that is what I thought at the time. That is when my mother sort of took over the role of defender."

That often happens in a family where one child appears to be the victim especially when it comes to the treatment and acceptance of the father. Unfortunately, this often causes even more problems in the long run because the child comes to rely on the defending parent instead of learning to overcome whatever disability or weakness they perceive they have.

"This did not help my relationship with my siblings, especially Laura. We hated each other and fought all the time," Gilberto remembers. "I had no friends and I felt like my family was ashamed of me. Then I found out if I hung around with the other 'bad kids' of the neighborhood, I was at least accepted by them. I remember we liked to hide behind things and throw rocks or mud balls at people. We used to throw rocks at the Christian church on Sunday morning hoping to stir them up enough to come outside so we could throw mud balls at them. We even found the 'good people' of the community did not criticize us for this because everyone said the Christians were devil worshippers."

Children who feel they are not accepted by family and school friends will often seek out acceptance in "gangs" where their behavior is not criticized and is often even praised. They will seek "family" relationships with these gangs and become willing to do whatever it takes to remain accepted by them even if it goes against their moral standards in the beginning. They will eventually become desensitized and no longer see anything wrong with what they are doing. This will translate over into a difficulty entering into meaningful relationships as an adult.

"I felt like a total loser," Gilberto confessed, "I went from relationship to relationship, woman to woman. I had been with many women, drank, and smoked and basically felt sorry for myself all the time. No one really stuck with me though people partied with me when I was willing to buy the drinks. When I did fall in love and had a son, this woman would not stay with me because she feared I would be a bad influence over our child. A judge agreed with her and said I could have no contact with my son. That left me totally devastated and I began to think of ways to end my miserable life."

Unresolved, these feelings of inadequacy and a victim mentality often lead to depression and desperation. Especially when a person compensates for these feelings using drugs, alcohol or even multiple relationships, when they fail to produce a lasting positive affect, they often turn to thoughts of suicide.

"I hit bottom when I lost my job and could not find another," Gilberto remembers. "Now I not only felt like a failure but a parasite of society as well. I was afraid I was going to have to give up my apartment and move in with my parents. That would have really proved my father had been right about me all along. I was truly ready to end my miserable life that day when Laura and Lucinda showed up at my door to talk to me about what God had done in Laura's life."

Often because of the patterns of behavior we establish as children, we become stagnant at whatever point we give up trying to please those we love and admire and turn against them instead. If we do not figure out how to overcome this victim mentality, the patterns will continue to not only repeat themselves over and over, but spiral downward and become more of a bondage each time we go through the negative cycle. We begin to put so many conditions on our relationships that we can never really love anyone else. It basically stems from the fact we do not love ourselves.

"I definitely bought into the belief that something inside of me did not function right and that made me unlovable. I was worthless and stupid and did not value even my physical body. I had so abused myself that I got to the place I didn't think I was physically able to work and earn a living," Gilberto shared candidly. "The first thing Laura brought to me was hope. She told me to forget the past and look at today as a new day. She said she did not have all the answers as to how things would change, but she said something I will never forget. It changed my life from that moment on. 'I do not know what your future holds, but one thing I do know, you can change your way of thinking, feeling, and acting and you can learn how to free yourself from all those negative things with the help of the God who loves you and created you in the first place. You cannot love others until you learn to love yourself.' When I looked into her eyes I saw the joy and peace and wanted what she had."

When we use the same words to berate ourselves that others used to hurt and wound us, we convince ourselves we are of no value. The secret Laura learned was to discover the qualities God had placed within her that distinguished her from the rest. She learned that each of us has a unique role to play that may have been blurred or distorted by the criticism we received from others and then inadvertently accepted as truth. When we use alcohol or drugs of any kind, even cigarettes, as methods of escape, they can make us feel wonderful temporarily, but the ultimate price we pay can leave us worse off than before. People who are addicted to drugs and alcohol do not love themselves.

Your Personal Reflections:

- *Are you like Gilberto?*
- *Did you ever feel like God forgot to give you something very important when He created you?*
- *Do you ever feel like you got the short end of the stick?*
- *Monitor your self-talk for one whole day and write down everything you say about yourself whether it is out loud or you just think it. What did you discover about what you say and think about yourself?*

Now read what Laura discovered and what she shared with Gilberto about what God says about the way He created you. As you read each scripture, record what God says about you and then use these truths to develop your new self-talk.

Ephesians 1:6 says I am _____

Genesis 1:26 says I am created _____

Colossians 2:10 says I am _____

2 Peter 1:4 says I am a partaker in the _____

Lucinda

Another form of not loving ourselves is overeating. We use food to punish ourselves and create obesity. Lucinda dealt with a different kind of emotional abuse than Laura or Gilberto. Some people refer to it as Middle Child Syndrome. Lucinda had an older sister that was highly favored by her mother. This was not because of intelligence; it was based on looks. In this case it was also a "racial prejudice" that even her own mother seemed to possess and transferred over onto her two middle children. Both Lucinda and Teo were born with a darker skin tone than their older sister.

"Our mother called me 'the fat black one'," Lucinda remembers sadly. "I do not remember what I did that day to anger her, but my mother lashed out at me in a very spiteful manner that left a deep wound on my inner self. She told me she wished I had never been born. Then she told me how she had tried to miscarry and kill me before I was even born. I carried these stories in my heart and mind. A lot of bitterness and resentment built up in me against my mother. Of course, I could not be disrespectful to her so I repressed all of these feelings and became quiet, seemingly well-behaved, and shy. All the while though, I was teeming with anger and hurt inside."

Unfortunately, so many of our children experience pain caused by their own parents. Often they do not really remember when it happened, but they grow up with very low self-esteem and often abuse their bodies and try to be someone their parent might finally come to love and respect.

"I became like two different people," Lucinda explains. "I would generally start a relationship being very nice and sweet. I was so meek and mild that people often took advantage of me. Then when I discovered their betrayal I would become this cruel vindictive person out to get justice no matter what the cost. It earned me a reputation as the tough 'steel lawyer.' My opponents feared me and the judges respected me, but deep inside I was still looking for love and acceptance."

People like Lucinda often lose track of who they really are. They develop a split personality as they try to please everyone. They often end up hating themselves and everyone around them.

"Mother would always humiliate and belittle my father calling him a 'black African' and when she was upset with me she would tell me I was just like him. She would tell others she regretted marrying him even though he was hard-working, honest, a good provider and father. In fact he was called a 'Don' which was a title of great respect among his peers and those who lived in our neighborhood in the country. Because of being labeled "black" I would do horrible things to myself trying to be more "white", Lucinda confessed. "Laura thought if her nose was smaller she would be happier, I thought if I could be whiter I would be happier. We both were wrong!"

Laura learned some very important lessons about herself that she was very excited to share with Gilberto and Lucinda. Often those we love the most are the hardest to witness to about the love of God. Laura had such an incredible change in even her countenance that both Gilberto and Lucinda wanted to find out what it was that had made such a difference in their once selfish, self-centered sister.

"I never realized that God had given me talents that had nothing to do with how I looked on the outside," Lucinda explained. "Mariela was tall, thin, and beautiful while Laura was extremely smart and outgoing. I seemed to be almost invisible unless my mother was angry and then I became the whipping post. What God had placed in me though was a terrific business sense, much like that of my father. Even though my mother meant it as a negative, I did inherit a wonderful sense of business know-how and integrity from my father. Though I established my own business and became a very successful lawyer admired by others for the way I helped the poor and charged the rich, I was never secure in who I was."

Lucinda and Gilberto needed to discover the amazing truth Laura gleaned from the wonderful loving people in the Christian church; God loves us all the same no matter what we look like on the outside. He is more interested in who we are on the inside. In fact He wants us to become all that He purposely designed us to be. Once we discover this amazing truth, we can overcome anything the world might throw at us. Once we know who we are in the eyes of God, nothing anyone can say to us can keep us from achieving great and wonderful things through the power and strength He has placed within us.

Though Lucinda had developed a destructive dual personality as a result of the psychological damage inflicted on her by her family and society, God had the cure. He showed her what a wonderful person He had designed her to be from the inside out. Once her mindset began to agree with what God had to say about her, she became the person she was supposed to be and became secure in her own identity.

Your Personal Reflections:

- *Do you have an identity crisis like Lucinda did?*
- *Do you allow others to define who you are and what you can and cannot do?*
- *Are you trapped inside a person that is insecure and easily pushed around by those you feel are better looking or smarter than you?*
- *What did you learn from reading Lucinda's story that will help you discover who you really are?*

The best way to start changing the wrong mindset you have been living with possibly since childhood is to begin to replace those lies with the truth. The Bible says if you know the truth about what Jesus says in His Word, that truth will set you free from any bondage the world may use to try to hold you back. Read these truths from God's Word and begin to declare them over yourself every day. If one of those old mindset phrases tries to rear its ugly head, rebuke it in the name of Jesus and declare it a lie that you no longer believe. Then declare out loud the truth that will not only set you free, but keep you living a life of freedom.

Galatians 1:4 says I have been delivered from _____
Therefore I am free to _____
Revelation 12:11 says I am a _____. That means I am not a slave to _____ any longer.
1 Corinthians 1:30 says I am wise with the _____
therefore; I can make decisions based on God's truth and not the lies the world has tried to feed me and make me believe.
Galatians 5:1 says I am _____. Therefore I can stand firm and no longer live in _____.

Hector

When Laura, Lucinda, and Gilberto approached Hector at the end of the book to play the lead part in their production, they saw it as a way for him to receive further healing for all of his internal wounding. Laura had discovered in her career as a counselor that the theater was a very efficient and effective means to help free people from their deep emotional traumas. She told Gilberto and Lucinda that she had already used this technique with many of her patients in the United States with wonderful results.

When they used the analogy of the actors' roles within the context of the complete script, Hector began to see that he, too, had an important part to play in God's Kingdom plan. As they helped Hector develop the talent God had already placed within him, he was able to use even his negative experiences to help people deal with their own emotional hurts. By doing so Hector became a happy, joyful person that was liked and admired by everyone he worked with. In fact he became the biggest star of the play.

"What made the biggest difference in your life, Hector?" one interviewer asked him.

"That Sunday back in the old neighborhood when Gilberto walked by with Lucinda and Laura on their way to church," Hector shares with a smile. "I recognized Gilberto but not the two girls. I knew Gilberto had been a drunkard. I had seen him several times laying in the gutter sleeping in his own vomit. But that day he was dressed real nice and had these two beautiful women on his arms. I thought I would stir up trouble and make sure these lovely ladies knew just who this scoundrel was they were walking to church with."

Hector stopped for a minute, deciding he needed to make sure the interviewer knew some of his background, "I was the neighborhood bully. I felt the world had treated me badly and that life was totally unfair. I got back at society and the people who had made fun of me all my life by throwing hurtful remarks and words at them as they walked by me. Most people had come to fear me and stayed well away from me. I had a very bad reputation in my neighborhood."

"That is hard to believe to look at you now," the interviewer said shaking his head.

"It is true and once Gilberto saw who I was, I figured he would high tail it out of there just like everyone else always did," Hector said. "But Gilberto and the girls turned toward me and not away from me. In fact he walked right up to me, told me I was right and that he had been a drunkard but that he had some good news for me."

Hector shook his head sadly, "Since Gilberto was obviously giving me a chance to make a fool of him, I decided to take my insults a little further. If he was foolish enough to stay and talk with me, I figured I shouldn't miss out on this great opportunity to ruin whatever relationship he thought he was going to have with the beautiful ladies walking beside him."

"What did you do, Hector?" the interviewer asked, totally intrigued by this unusual man sitting across from him.

"I asked Gilberto, 'Who is that beautiful girl? Is she your new girlfriend? Does she know who you really are?' That was when the girl spoke up and called me by name. She said, 'Hector, don't you recognize me? I am Laura, the ugly girl from the neighborhood, the one with the big nose. You use to call me Mona Chita!'"

"I just stood there with my mouth open," Hector said laughing, "I actually thought Gilberto and the girls were playing some kind of cruel trick on me. But then I realized none of them were looking at me with repulsion like so many people usually did. In fact I saw something in Laura's face that made me want to find out what had happened to her."

"What was so different about her?" the interviewer asked, sincerely interested in this unfolding story.

"First of all she was absolutely gorgeous. Then there was this joy about her. I remembered she always looked sad and even angry every time I had seen her when she lived in the neighborhood. I had always found it very easy to frighten her and make her cry. But that Sunday she looked almost radiant! Then she said something I will never forget. 'When I changed the way I thought about myself, I changed the way others thought about me, too. When I stopped believing I was ugly, I stopped feeling ugly, and then I stopped acting ugly!'"

"Really? How could the way she thought about herself change how she looked on the outside?" the interviewer asked.

"She explained that because she thought she was ugly and believed what others said, she tried to change who she was both inside and out. Once she stopped believing the lies, she could be the person God had made her to be. That was when they started talking about God to me," Hector smiled as he remembered his first reactions to the abrupt change in the conversation. "When Gilberto said all I had to do to change like Laura had and like he had was to tell God I loved Him and thank Him for making me in His image from the inside out. At that point I was sure the whole thing was a cruel hoax! They were making fun of me for sure! I tried to argue with them, but Gilberto was incredibly patient with me."

"Obviously they said something to change your mind because you certainly are not a bully today," the interviewer surmised. "Everyone I have talked to from this production loves and admires you. Why you are the star of the show!"

"Gilberto used the analogy of a potter making vases. He said some of them are beautiful on the outside, but they are just meant to sit on the shelf and look pretty. Others are made very strong and useful though they are not as lovely to look at. He explained that we are like those vases. God has made each of us for a different purpose. We each have a special mission given to us by God. I asked Gilberto what mission God could possibly have for me? I even told him I wish I had never been born. Then Gilberto told me his story. He told me why he had become a drunkard and how he had even tried to kill himself several times. He said he had become a slave to drinking, smoking, and being dangerous to himself and others. They had even taken his little son away from him to protect the child!"

Hector had to stop for a moment as he remembered that day that had changed his life forever, "I could not help myself, I started to cry as I thought of the way I had been living my life. Gilberto, Laura, and Lucinda looked and acted so differently. They stood there talking to me about God and love and freedom instead of criticizing me and telling me how mean and cruel I was. Laura had changed so much I had not even recognized her. When I looked at her she smiled at me and she had a joy that made me want to believe I could change, too. Then they told me what to do and prayed with me right there on the sidewalk. I have never been the same since!"

Hector went on to explain the love of God to the interviewer and led the young man to accept Jesus as his Lord and Savior.

Hector used every opportunity God gave him to tell others about the God that transformed him from a bully to an ambassador of God's love.

Your Personal Reflections:

- *As you read Hector's amazing story of transformation, how does that change the way you look at those who are different from you?*
- *Have you ever felt unlovable like Hector did?*
- *How did you react when others were cruel and mean to you?*
- *Did you ever become a bully?*
- *How has Hector's story changed how you look at yourself?*
- *What are you going to do to change how you see yourself and others as a result of reading this book?*
- *Who do you know that would also benefit from reading this book?*

Las Lágrimas de las Orugas

de las

Orugas

The Tears
of the Caterpillars

BEATRIZ VILLANUEVA RUDECINDO

Traducido por:

Nathalia Villanueva

DEDICATORIA

Este libro está dedicado a mis dos hijas Sagrario Rudecindo O'Neill, Maribel Rudecindo y a mis tres nietos Isaiah, Liliana y Deven, y a toda mi familia.

También a la memoria de mis padres Ignacio Rudecindo y Regina Villanueva, los cuales nos dejaron un legado de sabiduría y esfuerzo.

Indice

PREFACIO

Porque a los que Dios conoció de antemano, también los predestinó a ser transformados según la imagen de su Hijo, para que él sea el primogénito entre muchos hermanos. (Romanos 8:29 NVI) He estudiado filosofía, psicología y apologética.

He participado en actividades políticas e incluso fui asignada a una posición diplomática en las Naciones Unidas. Me gradué del City College con una maestría en Educación. Actualmente soy una profesora de lengua extranjera. Sin embargo, he descubierto que nada de esto es lo que soy.

A lo largo de mi vida y en mi ocupación actual, las personas me han pedido consejos y consultorías. He visto sus sufrimientos y me gustaría ayudar a las personas a descubrir su verdadera felicidad, así como yo lo he hecho en mi viaje personal para encontrarme a mí misma, a mi verdadero ser. Pensé que la mejor forma de hacerlo era escribir este libro. A pesar de que esta obra se lee como una novela, en realidad está basada en una historia verdadera…, mi historia. Mis deseos son que a medida que los lectores vayan siguiendo los personajes del libro, estos sean capaces de identificarse con alguno de ellos y aprendan de su viaje hacia el camino de la felicidad, sin importar las circunstancias y adversidades del mundo que les rodea.

Hay dos cosas muy importantes que descubrí en este viaje. La primera de todas es que no debemos vernos como víctimas, sino como creadores. Todo lo que experimentamos en nuestras vidas es producto de nuestros propios pensamientos. La Biblia nos dice, "Porque tal cual es su pensamiento en su corazón, tal es él." [1] A pesar de que muchas de las cosas que pasan en nuestra vida ocurren por las acciones de otros, en como respondemos a esas circunstancias es como se determina si vivimos en felicidad o desesperanzados, en júbilo o en desesperación. A menudo, culpamos a Dios por las cosas malas que nos pasan. Esto es porque no sabemos quiénes somos y no sabemos quién es Dios. En consecuencia, la segunda verdad que descubrí es que nuestra verdadera felicidad reside en nuestra relación con Dios. quien es Dios y para ser quién Dios nos diseñó y creó. Todas las cosas son posibles Dios es el creador de todas las cosas y todo lo que Él creó es bueno.[2] Dios creó a todos y a cada uno de nosotros. Ninguno de nosotros es un error o indeseado por Dios. Él nos conocía y tenía un propósito para nuestras vidas desde antes de nosotros haber nacido. Dios nos dice, "Antes de que yo te formara en el vientre de tu madre, ya te conocía. Antes de que nacieras, ya te había elegido."[3] "Y sabemos que Dios hace que todas las cosas cooperen para el bien de quienes lo aman y son llamados según el propósito que él tiene para ellos."[4]

Dios no cambia ni ha cambiado. Él nos ha elegido y nos ha llamado para Su propósito aquí en la tierra. Somos nosotros los que debemos cambiar nuestra forma de pensar, especialmente cuando se trata de nuestra relación con Dios. No podemos ser todo lo que estamos destinados a ser sin entender quién es Dios y para qué Dios nos diseñó y creó. Todas las cosas son posibles para Dios y ninguna cosa será imposible para Él.[5] Nosotros mismos somos quienes nos limitamos, al limitar la influencia de Dios en nuestras vidas.

1- Proverbios 23:7RVR1960
2- Génesis 1
3- Jeremías 1:5
4- Romanos 8:28 NTV
5- Lucas 1:37

El amor de Dios es incondicional. Él nos ama de la forma que somos y no nos separa de Él. Con la forma en que pensamos, somos nosotros los que nos separamos de Él. Hemos creado una imagen falsa de Dios y por eso limitamos lo que Él puede hacer en y a través de nosotros. Cuando descubramos verdaderamente la relación que Dios desea tener con nosotros, podremos liberar ese poder que Dios nos ha dado para cambiar nuestras circunstancias. Podemos ser liberados de las manipulaciones de la sociedad y no permitir que el exterior controle nuestro interior. Nuestras circunstancias no deben determinar si caminamos felices y empoderados en nuestras vidas. Podemos caminar con nuestra frente en alto, porque sin lugar a dudas, sabemos que somos hijos del Dios viviente y hemos sido creados a Su imagen y semejanza.

Y ustedes no recibieron un espíritu que de nuevo los esclavice al miedo, sino el Espíritu que los adopta como hijos y les permite clamar: « ¡Abba! ¡Padre!» El Espíritu mismo le asegura a nuestro espíritu que somos hijos de Dios. Y si somos hijos, somos herederos; herederos de Dios y coherederos con Cristo, pues si ahora sufrimos con él, también tendremos parte con él en su gloria. (Romanos 8:15-17 NVI)

INTRODUCCIÓN

Donde hay amor...
Dios es amor. El que permanece en amor, permanece en
Dios, y Dios en él. (1 Juan 4:16 NVI)

Donde hay amor no hay lugar para la violencia y la ira. Donde hay amor no hay lugar para la deshonestidad, el engaño y las mentiras. Donde hay amor no hay lugar para la codicia ni el egoísmo. Donde hay amor no hay lugar para el prejuicio ni la intolerancia.

Sabemos que no debemos matar o golpear a nadie. Tal vez podemos desarrollar el autocontrol para no lastimar físicamente a nadie, pero cuando se trata de violencia verbal y en pensamiento, no le damos tanta importancia.

La violencia verbal puede ser descarada. Sabemos que no debemos poner nombres despectivos que hieran los sentimientos de los demás, pero muchas veces decimos cosas que hieren los sentimientos del otro solo para aumentar nuestro propio ego. Cuando otros cometen un error, pensamos que son estúpidos o tontos y les decimos lo que pensamos. Cuando otros responden incorrectamente, los hacemos sentir apenados o inferiores.

A veces tratamos de ser graciosos usando el sarcasmo. El humor es positivo y siempre es bienvenido, pero no debería ser a costa del corazón de alguien más. El humorista a veces se burla de diversas situaciones, pero este no debería burlarse de las personas o romperles el corazón en el proceso.

Otra forma de violencia es el prejuicio acompañado de la intolerancia. Vemos personas haciendo alusiones negativas acerca de las diferentes religiones, los diferentes países, los diferentes colores de piel y el sexo opuesto.

Una de las formas más comunes de violencia verbal es pelear con los miembros de la familia, amigos, esposos, padres e hijos. Sabemos que debemos respetar las opiniones ajenas, pero en nuestras mentes, nos rebelamos en contra. A veces herimos los sentimientos de nuestros seres más cercanos con el furor del momento; decimos cosas que no son ciertas y son crueles. Luego nos arrepentimos de lo que dijimos, pero para ese momento, ya la herida está hecha.

Se dice que la lengua es más cortante que una espada. La herida de una espada podrá sanar, pero la herida de las palabras, de alguien rompiendo nuestros corazones, no son fáciles de olvidar. Debemos aprender a controlar nuestras lenguas.

Con la lengua bendecimos a nuestro Señor y Padre, y con ella maldecimos a las personas, creadas a imagen de Dios. De una misma boca sale la bendición y maldición. Hermanos míos, esto no debe ser así. (Santiago 3:9-10 NVI)

La historia que estás a punto de leer representa a dos familias que sufren violencia de diferentes maneras. Seguiremos sus viajes personales hasta que se encuentren e influencien los unos a los otros en sus viajes hacia destinos individuales y corporativos.

Mientras lees sus historias, aprenderás a librarte de los pensamientos negativos que otros, sin darse cuenta o a propósito, plantaron dentro de tu mente. También aprenderás a liberarte de la cautividad impuesta a tus palabras y a las acciones de los otros. Te darás cuenta de que el mundo es un espejo de tus sentimientos, pensamientos, deseos e interpretaciones. Cada situación, relación y evento es el espejo de algo que tienes dentro. Podrás ver la conexión entre tu mundo interno y tu mundo externo. Aprenderás a funcionar como una persona victoriosa y no una víctima; una persona vencedora en lugar de vivir oprimida; bendecida en lugar de desafortunada, ¡y poderosa en lugar de impotente!

Sin embargo, en todo esto somos más que vencedores por medio de aquel que nos amó. "Pues estoy convencido de que ni la muerte ni la vida, ni los ángeles ni los demonios, ni lo presente ni lo por venir, ni los poderes, ni lo alto ni lo profundo, ni cosa alguna en toda la creación, podrá apartarnos del amor que Dios nos ha manifestado en Cristo Jesús, nuestro Señor." (Romanos 8:37-39 NVI)

Como un vencedor, te convertirás en un instrumento de amor en las manos de tu Santísimo padre amado. Entonces rezarás diariamente esta hermosa oración dada a nosotros por San Francisco de Asís.

> Señor, haz de mí un instrumento de tu paz:
> Donde haya odio, ponga yo amor,
> Donde haya ofensa, ponga yo perdón,
> Donde haya discordia, ponga yo unión,
> Donde haya error, ponga yo verdad,
> Donde haya duda, ponga yo la fe,
> Donde haya desesperación, ponga yo esperanza,
> Donde haya tinieblas, ponga yo luz,
> Donde haya tristeza, ponga yo alegría.
> Oh, Maestro, que no busque yo tanto
> Ser consolado como consolar,
> Ser comprendido como comprender,
> Ser amado como amar.
> Porque dando se recibe,
> Olvidando se encuentra,
> Perdonando se es perdonado,
> Y muriendo se resucita a la vida eterna.

Lee las historias de Laura, Héctor y sus familiares. Observa cómo cada una de sus vidas se entrelazan y afectan de forma negativa y positiva. Al final del libro, ofreceré una sección para ayudarte a entender y aplicar las verdades presentes en sus historias, de tal forma que puedas aprender de sus errores y sus triunfos. Espero que los ojos de tu corazón estén abiertos, para descubrir dentro de tu propio viaje, la verdad, y recibir el amor que Dios tiene para ti, y así encontrar el regocijo y la paz que te aguarda.

Capítulo 1

La familia de Laura

Laura vivía en el campo con sus padres, sus dos hermanas mayores, Mariela y Lucinda, y sus dos hermanos, Teo y Gilberto. Su padre era un señor muy rico y poseía miles de tareas, muchas vacas, caballos, cabras, y tenía cientos de empleados a su servicio, tanto en sus tierras como en su hogar. El papá de Laura decidió dejar el campo, en donde vivían muy cómodos, en busca de una mejor educación para sus hijos. Él sabía que si se quedaba en el campo, sus hijos no obtendrían la mejor educación. Quería que cada uno de ellos tuviera la oportunidad de triunfar en la vida usando los dones y habilidades que Dios les había dado. El papá de Laura era bien respetado y distinguido entre los que trabajaban para él por ser honesto y justo. Su padre tenía un amigo que le había recomendado un buen vecindario, donde podría comprar un solar y construir una linda casa para su familia.

Su padre salía con su mejor ropa y el caballo más fino para supervisar la construcción de su nuevo hogar. Pensó que esto le daría prestigio en este nuevo mundo hacia el cual estaba mudando a su familia. Sin embargo, las personas del vecindario se burlaban de él y lo llamaban "campesino" a sus espaldas. Las personas citadinas se consideraban mejores que la gente del campo. Ser llamado campesino era un gran insulto. Significaba que las personas del vecindario pensaban que su padre no tenía buenos modales o buenos hábitos. Las personas del campo generalmente eran rechazadas por la sociedad. Las personas de la ciudad se preocupaban por arreglarse, por sus modales, cómo caminaban, cómo hablaban y cómo se vestían. Las personas que vivían en la ciudad se esforzaban mucho en mantener su apariencia. Mientras que los que vivían en el campo eran más amistosos y libres de vivir su propia vida sin tantas ataduras.

Desafortunadamente, el papá de Laura no estaba consciente de qué tan fuerte estos prejuicios afectarían a cada uno de sus hijos, mientras pasaban por la transición del campo a la ciudad. En el campo se fijaban muy poco en las diferencias étnicas o en la clase; pero en la sociedad de la ciudad tenían estos dos males: eran racistas y se enfocaban en las clases sociales. Las personas solo se juntaban con otras de su misma clase. El sistema de clases sociales era lo más importante para ellos. Los llamados "gente bonita" del vecindario eran orgullosos y arrogantes, y recibían todo el privilegio de la comunidad. Pensaban que eran mejores que las personas del campo, sin importar cuánto dinero tuvieran.

Cuando el papá de Laura anunció que se mudarían a la ciudad, todos en la familia estaban emocionados. Nadie estaba más emocionado que la madre de Laura, Ruth. Finalmente, podría codearse con las personas prominentes de la clase alta, a las cuales ésta anhelaba parecerse tanto. A pesar de que su esposo era prominente, trabajador y un buen proveedor, Ruth se arrepentía de no haberse casado con un hombre de piel más clara, especialmente después que empezaron a tener hijos. Su esposo era muy respetado, eso es verdad. De hecho, en la provincia de donde venían, muchas personas se referían a él como "Don", lo cual era un título muy admirable de honor y respeto.

Sin embargo, Ruth soñaba con vivir en la ciudad, donde podría ser expuesta a cosas más finas de la vida. Finalmente, convenció a su esposo de la importancia de mudar a su familia para que alcanzaran una mejor vida en la ciudad. Usó como motivación detrás de la mudanza, la necesidad de una mejor educación para sus hijos.

En realidad, Ruth esperaba poder casar a su hija favorita en la gracia de la alta sociedad y procurar un apuesto y rico esposo para su hermosa Mariela. Esta era costumbre propia de la época en que nació y se desarrolló. Mariela era alta, elegante y tenía la piel más clara que sus hermanos. Esto era muy importante para los ojos de Ruth. A pesar de que Mariela tenía belleza externa, esta no tenía la inteligencia de sus otras dos hermanas más jóvenes. Ruth sabía lo importante que sería exponer a Mariela a las formas de la "gente bonita", así su futuro esposo estaría asegurado. Emocionada, Ruth explicó qué maravillosa sería la vida citadina para ella y Mariela. No importaba si a Mariela le había ido mal en la escuela. Ella era bonita y podría casarse con un esposo rico y ya su vida estaría hecha. Ellas podrían comprar ropa hermosa, mantenerse al último grito de la moda, e ir a fiestas que las expondrían a la "gente bonita".

La hermana mayor de Laura, Lucinda, era diferente a Mariela, así como cualquier otra hermana podría serlo. Lucinda nació con la piel mucho más oscura. Luego del nacimiento de Mariela, Ruth no quería otro hijo tan pronto e incluso trató de abortar su segundo embarazo. A pesar de todos sus esfuerzos por perder la barriga, Lucinda nació fuerte y saludable. Su madre quedó doblemente decepcionada cuando vio que nació con la piel tan oscura. Mientras las dos niñas crecían, Ruth dejó muy claro que Mariela era su favorita. Sin embargo, esto era fruto de la desaprobación de su esposo hacia Mariela, este la discriminaba por ser de piel más clara, e incluso llegó a pensar que no era su primogénita. Un día, en un estallido de ira, Ruth le dijo a Lucinda que deseaba que ella nunca hubiese nacido y la llamó "puerca negra y gorda"

La autoestima de Lucinda estaba muy baja. Empezó a subir de peso, a pesar de que trataba de mantenerse alta y delgada como su adorable hermana. Una vez dejó de comer durante unas cuantas semanas y solo bebía vinagre. Su madre no se había dado cuenta de esto, hasta que un día se desmayó y tuvo que llevarla al hospital para recibir tratamiento médico. Ella deseaba desesperadamente complacer a su madre, así que probó varios remedios para aclarar su piel. No importaba lo que hiciera, nunca parecía ser suficiente. A menudo, su madre le decía que era igual a su padre, denigrándola porque ella tenía la piel oscura como él. Cargó con todo esto en su corazón y mente, lo que le causó amargura y resentimiento hacia su madre. Lucinda se convirtió en una persona muy callada y retraída. Muchas personas pensaban que ella era una niña tímida y bien portada, pero en el fondo, Lucinda estaba herida e insegura. Esta quería mudarse a la ciudad porque esperaba aprender un oficio rápidamente para alejarse de su abusiva madre. Quería ser como su madre. Así que empezó a buscar maneras de mejorar su estatus, aclarándose la piel, alisándose el cabello y pretendiendo ser algo que no era.

Teo fue el primer varón en nacer y fue preferido por su padre. El también nació con la piel muy oscura. A Teo le encantaba trabajar con su padre, especialmente con varias maquinarias que su papá tenía en el rancho para trabajar las miles de tareas de terreno que poseía su progenitor. A él le encantaba la escuela, sobretodo la mecánica vehicular. Era muy bueno con sus manos, lo cual su padre descubrió cuando todavía era un niño. A pesar de ser tratado con favoritismo y orgullo por su padre, su madre constantemente lo denigraba por ser "negro" y porque sus manos siempre estaban sucias y a menudo cubiertas de grasa. Teo se convirtió en una persona callada e introvertida como su hermana Lucinda, especialmente cuando estaba cerca de su madre. De hecho, él tenía la esperanza de que cuando su mamá y sus hermanas se mudaran a la ciudad, quedarse con su padre y ayudarlo con el trabajo en el rancho. Desafortunadamente, esto no pudo ser y Teo tuvo que aprender a pelear para defenderse en contra de los abusadores y la discriminación que él confrontó, mientras se convertía en un joven adulto. A pesar de que su padre estaba orgulloso de su hijo por aprender a defenderse y trabajar con sus propias manos, eventualmente caería en fuerzas contra las cuales no podría luchar: el bullying o el acoso emocional.

Laura era una verdadera campesina. Disfrutaba la naturaleza, los trinos de las aves, los hermosos colores de las mariposas, el olor de las flores, la belleza de los árboles, el color del cielo y se deleitaba muchísimo observando el cielo nocturno arropado de estrellas. Disfrutaba sentir el sol en su piel. A menudo, jugaba con los animales, pescaba en la laguna y se bañaba en el río. Laura gozaba comer las frutas frescas recién cosechadas. En la tarde amaba jugar con sus amigos hasta que anochecía. Le encantaba leer e ir a la escuela. Era una niña muy feliz y sentía que lo tenía todo. No solo amaba la vida en el campo, sino que su padre era un hombre muy rico y poderoso, poseedor de terrenos. En la escuela todos la amaban y era favorecida por todos. Era la favorita de su profesora y a menudo era la líder de su clase. Sus compañeros la adoraban porque vivía en lo que podía parecer para ellos, un castillo de cuentos de hadas; todos los niños querían ir a su casa a jugar. Laura estaba entusiasmada. Había leído diferentes libros y revistas sobre la vida en la ciudad y soñaba con visitarla algún día. En verano, los niños que visitaban la ciudad le contaban historias sobre cómo era vivir allá. Lo diferente que era y cuánto se divertían. A Laura le gustaba cómo se vestían, sus peinados e incluso el maquillaje que usaban. Sabía que si se mudaba para allá, podría continuar sus estudios porque las escuelas campesinas solo llegaban hasta el segundo grado. Por más que le gustara esa vida, Laura sabía que le limitaría su futuro. Ella amaba la idea de vivir en la ciudad y luego pasar los veranos en el campo, como otros niños hacían. Luego del anuncio de su padre, Laura estaba emocionada por mudarse. Les dijo a todos sus amigos que pronto se mudaría a la ciudad para convertirse en una verdadera capitaleña.

Laura soñaba con su nueva escuela, sus nuevos amigos y su nuevo vecindario. Estaba llena de esperanza y expectativas. Su sueño por fin se convertiría en realidad. Estaba entusiasmada por el hecho de montarse en un automóvil, en lugar de montarse en un caballo. Apenas podía dormir porque estaba muy emocionada. No podía esperar a ver su nueva casa y su nueva habitación.

Gilberto era el más joven de la familia. Nació con problemas del habla. No habló hasta que tuvo 10 años de edad, lo cual era una gran vergüenza para su madre. Sus hermanos le decían "el mudo". Cuando decía algo que no debía ser o que era inapropiado, se reían de él y le decían: "Gilberto, repítelo." Eventualmente, al ver que su esposo daba por sentada la condición de Gilberto, Ruth tomó su causa. Como Gilberto no se podía defender por sí solo, ella empezó a consolarlo, defenderlo y a protegerlo. A sus hermanos no les gustaba el hecho de que su madre siempre lo protegiera, incluso después de empezar a hablar. Como no pudo hablar por muchos años, se volvió muy agresivo en sus gestos, para llamar la atención de otros. Cuando aprendió a hablar, sus palabras se volvieron igual de agresivas. Siempre buscaba palabras para herir y ofender a los demás.

Capítulo 2

La mudanza hacia la ciudad

Finalmente, el día de la mudanza había llegado. Los camiones de mudanza también habían llegado y así todos habían partido hacia la ciudad. Su padre se había quedado atrás para poder atender el negocio, pero los acompañaría unas semanas después. La familia llegó al anochecer a su nuevo vecindario en la ciudad. Desmontaron sus pertenencias e inmediatamente se fueron a dormir. Como siempre, Laura fue la primera que despertó en la mañana. Esta siempre había sido una persona mañanera, en especial en el mes de mayo. Esto porque en este mes era cuando los mangos maduraban, a Laura le encantaba levantarse temprano para recoger mangos frescos directamente de los árboles. En el campo, vivían al lado de un gran árbol de mangos. Sin embargo, esa mañana de mayo en su nuevo hogar, Laura salió al patio y se dio cuenta de que no había arboles de mangos. Ni siquiera de ningún otro fruto; no había ningún árbol.

El sol daba directamente a la casa y no había ninguna sombra donde jugar. Sin importar que fuera temprano en la mañana, el patio se convertía en un lugar incómodamente caliente.

Las casas estaban tan cerca una de la otra, que inmediatamente ella empezó a extrañar su hogar en el campo, en donde tenía espacio para jugar y explorar todo. Laura ni siquiera podía escuchar el hermoso trino de las aves. Solo se escuchaban las voces de los vendedores anunciando sus productos en las calles.

Estaba tan desilusionada que le dijo a su madre: "¿Y esto es? No me gusta la ciudad, quiero volver al campo." Su madre estaba positiva respecto a vivir en la ciudad, por lo que le dijo a Laura que le diera algo de tiempo; era cuestión de solo acostumbrarse a todo.

Una vez empezada la escuela, su madre le aseguró que allá haría nuevos amigos y cambiaría de parecer con respecto a la ciudad. Lucinda, Teo y Gilberto parecían coincidir con Laura al momento de salir a explorar los alrededores. Ellos tampoco se sentían cómodos en ese nuevo ambiente. Se miraban unos a otros asombrados y preguntándose por qué se habrían mudado de un lugar tan hermoso y abierto como es el campo, hacia ese ruidoso, acalorado y tan repleto vecindario.

Cuando Ruth miró por la ventana, vio a sus hijos caminando aturdidos e inmediatamente los llamó a desayunar, luego les asignó sus respectivos quehaceres a cada uno. A pesar de haber traído a algunos de los de su personal de servicio, todavía había mucho que hacer para acomodarse en su nuevo hogar. Ruth quería contratar más ayudantes y envió a uno de sus sirvientes a colocar un anuncio en una agencia local de servicio. Después de esto, quiso preparar rápidamente su casa para recibir visitantes. Les dijo a sus hijos, a todos, menos a Mariela, por supuesto, que ayudaran con los preparativos. Estuvo esperando durante mucho tiempo esta oportunidad y no perdió tiempo en ponerse manos a la obra para ver sus sueños hacerse realidad.

Ruth debía haber hecho arreglos para que sus hijos empezaran la escuela, pero como se mudaron en mayo, solo quedaba un mes de clases, así que sus padres decidieron esperar hasta el próximo año escolar. Los tres hijos de en medio estaban decepcionados por no poder ir a la escuela. Cada uno tenía su propia razón para querer empezar la escuela inmediatamente. A pesar de que Lucinda estaba acomplejada por el color de su piel, ella esperaba que le fuera bien en la escuela para avanzar rápidamente a una carrera que le permitiera mantenerse a sí misma. Teo quería involucrarse en la auto mecánica lo más pronto posible, esperaba poder aprender todo lo que pudiera, de esa manera volver al rancho y así aplicar sus habilidades a las maquinarias de su padre. A Laura le encantaba la escuela y estaba desesperada por empezar a estudiar en la ciudad, porque ahí su educación alcanzaría un nuevo nivel. ¿Qué iba a hacer en esa calurosa ciudad. sin ir a la escuela y sin ningún amigo?

Nuevos vecinos

El padre de Laura tenía un amigo que le había recomendado comprar un terreno en la ciudad, en específico en su comunidad. De hecho, el amigo de su padre vivía en la casa de al lado, era el vecino más cercano. Como el padre de Laura se había quedado en el campo momentáneamente, este le pidió a su amigo que cuidara a su familia una vez llegaran. Poco después del desayuno, los hijos de su amigo fueron a la casa a darles la bienvenida. Estos niños eran educados y bien portados, de ascendencia jamaiquina. Laura era más extrovertida que Lucinda y Teo, así que ella y los niños se hicieron amigos casi inmediatamente, luego de enterarse de que tenían muchas cosas en común. Le explicaron cómo funcionaba el vecindario y sobre las diez familias que abarcaban las dos calles principales dentro de lo que era considerado su vecindario. Parecía que solo una familia en todo el vecindario tenía un televisor y esa era la familia de Héctor. Laura nunca había visto televisión. Viviendo en el campo, ni siquiera había escuchado de lo que era un televisor. Sus vecinos le dijeron que la llevarían a ver televisión mas tarde. Esto levantó los espíritus de Laura y le dio algo por la cual emocionarse y esperar. Según lo que le habían dicho, Laura sabía que podía ver personas a través del televisor, al igual que escucharlas. Pensó que sería maravilloso tener esa experiencia. Ella solo había podido escuchar a las personas hablar por la radio, así que el hecho de también poder verlas la emocionó mucho. No podía esperar a que fuera hora de visitar a la familia que tenía el televisor. Compartió su emoción con sus hermanos, pero ninguno de ellos quiso acompañarla en esta gran aventura.

Los hijos de los vecinos llegaron para recoger a Laura a las 3:45 de la tarde, como habían prometido. Le dijeron a la madre de Laura que la casa de Héctor estaba a cinco minutos caminando. Le dieron permiso de ir con sus nuevos amigos. Ruth esperaba que la interacción con los hijos del vecino ayudara a Laura a ajustarse más rápido a su nuevo estilo de vida en la ciudad. A pesar de que Ruth no tenía grandes aspiraciones para Lucinda y Teo, esta sabía que Laura tenía gran potencial para la escuela. Deseaba que su hermosa Mariela se casara con un esposo rico y sentía que a Laura le iría excelente académicamente. En la ciudad, Laura podría avanzar en su educación y enorgullecer a su madre.

Cuando los niños llegaron a la casa del televisor, Laura estaba tan emocionada que sus nuevos amigos tuvieron que controlarla y así los demás niños no se reirían de ella. Laura creía que todo lo que estaba pasando en el aparato era real. Hablaba constantemente haciendo preguntas y estallando de la emoción. Los hijos del vecino trataron de explicarle que solo era una imagen en la pantalla, pero Laura no tenía idea de lo que eso significaba. ¡Era todo tan maravilloso! "Quizás la vida citadina sería divertida después de todo, pensó." ¡Esperen a que les cuente a mis amigos del campo sobre la televisión! Mientras Laura estaba totalmente absorta y entretenida con las imágenes viendo televisión, el hijo de la familia que era dueña de la casa entró a la sala. Los otros niños ya habían estado ahí anteriormente y apenas lo notaron. Algunos lo saludaron moviendo la cabeza rápidamente y volvieron a enfocarse en el televisor. A pesar de que algunos de ellos todavía encontraban su apariencia un poco aterradora, se habían acostumbrado a verlo y sabían que no era peligroso en ningún sentido. Todos disfrutaban viendo la televisión; habían superado el miedo que tenían inicialmente y se aprovechaban de la invitación de sus padres a visitarlos diariamente.

Cuando Laura por fin lo notó, se espantó y se asustó tanto que quería escapar corriendo. Nunca había visto a alguien como él. No tenía idea de qué pensar de la forma en que él se veía y la forma en que él la miraba. Después de eso, le dijo a Lucinda que le dio grima. No salió corriendo porque había encontrado la manera de controlar su miedo, pero ahora no podía concentrarse en el show de televisión. Se mantuvo mirando a Héctor con miedo de que le saltara encima. Apenas podía esperar a que se acabara el programa para poder irse. La próxima vez que sus amigos la invitaron a ver televisión, Laura dijo que no porque Héctor la asustaba y le daba asco. Por más que le gustara ver las aventuras en el televisor, ella no podía enfrentar el miedo de que ese muchacho extraño viviera en esa casa.

Laura se sintió muy triste porque extrañaba mucho el campo. Se sentía como un ave enjaulada. Parecía que la ciudad era excesivamente bullosa y calurosa. Todo el ruido molestaba su paz interior. Pasaba la mayor parte de su tiempo sentada al lado de la ventana del dormitorio, observando a las personas que pasaban por su casa. Laura miraba y observaba a la gente de la ciudad, tratando de entenderlas. Eran tan diferentes a la gente que vivía en el campo. De hecho, podía ver un tipo de actitud diferente en ellos. Trató de descifrar qué era, pero nunca había visto gente como esta anteriormente, así que no tenía con qué compararlos realmente. Ella no estaba segura de si le gustaba lo que había visto o de si quería ser como ellos. Tenía la esperanza de cuando por fin empezara la escuela, familiarizarse con aquel ambiente. Siempre le fue excelente en la escuela, y no veía ninguna razón de que esto cambiara en la ciudad. Mantuvo esto en mente, mientras esperaba que transcurriera el verano.

Inician las clases

Septiembre finalmente llegó. Mariela, Lucinda, Teo y Laura empezaron a prepararse para empezar sus estudios en la capital. Cada uno se preguntaba qué traería su primer día de clases en esta escuela de la ciudad. Mariela iba a una escuela más grande para señoritas. Esperaba anotarse en una clase de costura, ya que esta era una habilidad que había desarrollado. Su madre aprobaba esto debido a que beneficiaría a Mariela más adelante como una esposa.

Lucinda y Teo estaban un poco aprensivos o temerosos porque habían tenido algunas diferencias con las personas de la capital. Estos habían salido algunas veces para visitar a los vendedores locales. También habían ido caminando a la escuela para verificar qué tan lejos les quedaba y que tiempo tardarían en llegar allá. Habían notado las miradas que les daban cuando pasaban por las grandes casas en su camino. Pensaron que era como su madre les había dicho, eran negros, y eso en la capital no era algo bueno. Decidieron recoger y aprender lo que pudieran de estas escuelas capitaleñas y no llamar la atención. Para ellos volverse lo más invisibles posible era la mejor forma de sobrevivir en aquel desconocido y posiblemente hostil territorio. De algo sí que tenían razón, estos capitaleños eran prejuiciosos y poco amables con aquellos que eran diferentes a ellos.

Laura, por otra parte, estaba súper emocionada. Era el momento que estuvo esperando desde el primer día en que se mudó a la ciudad. La escuela por fin iba a comenzar. La escuela era otro mundo, un lugar amistoso y lleno de felicidad donde sería aceptada y reconocida por lo inteligente y especial que ella sabía que podía ser. Tenía su nuevo uniforme, sus lápices y sus cuadernos. Estaba tan feliz y emocionada que apenas pudo dormir la noche anterior. Su imaginación no paró ni un segundo pensando en cómo sería la escuela. Estaría rodeada por todos sus nuevos amigos y sería admirada, así como lo hacían en el campo. Una encantadora maestra le enseñaría todo lo que podría haber aprendido en la pequeña escuela del campo. ¡Sí, pensó mientras se dormía, la escuela será una aventura maravillosa!

Mientras sus hermanos caminaban hacia la escuela, Laura saltaba de la emoción y hablaba un montón durante todo el camino. Lucinda y Teo tuvieron que reírse de su entusiasmo, a pesar de que ellos tenían una actitud más reservada. Cada uno tenía sus propias aspiraciones, las cuales esperaban que la escuela pudiese satisfacer. La escuela, de hecho, empezó a moldear sus vidas, pero no en la forma que ellos esperaban.

Luego de izar la bandera y cantar el Himno Nacional, Teo se fue para su clase mientras que sus hermanas fueron al lado opuesto del edificio para llegar a su salón de clases. Laura asistió a clases y emocionada eligió un asiento en primera fila. Lucinda estaba en la misma clase a pesar de cursar un grado más alto. En esta escuela, los estudiantes de tercero y cuarto grados compartían la misma aula. Sin embargo, Lucinda se sentó al fondo del curso para no llamar la atención de ninguna forma. A Laura no le molestaba. Para ella era agradable poder ir a la escuela con su hermana e incluso ir a la misma clase. Teo, por supuesto, fue a la clase de auto mecánica con los demás niños de su edad.

Laura quería ser la primera en todo. Cuando vivía en el campo, era la mejor en todas sus clases. Le encantaba hablar y poder expresarse. Nunca fue tímida al responder cualquier pregunta o al compartir una respuesta. Al principio esto no fue un problema. Parecía que a la profesora le gustaba la participación de Laura. Laura observaba y trataba de descifrar qué esperaba la profesora de sus estudiantes. Laura estaba segura de que le iría excelente en esta nueva escuela, al igual que en el campo.

Pero resulta que un día, mientras la profesora explicaba una clase,

Laura empezó a hablar con otro compañero que estaba a su lado. La profesora estaba claramente molesta por esto y le dijo que callara su "boca de Zago". Laura no entendió muy bien lo que esa palabra significaba, pero sí entendió que no era algo bueno por el tono en que la maestra lo dijo. Sin querer enojar nuevamente a su maestra, Laura se mantuvo callada durante el resto del día. Esta fue totalmente una nueva experiencia para ella. Nunca fue mandada a callar o reprimida en la escuela y menos delante de toda la clase. No era algo que Laura quisiera experimentar nuevamente. Necesitaba saber qué había hecho para molestar tanto a su profesora.

Laura estuvo callada, incluso ya de camino a su hogar. Estaba avergonzada de que Lucinda hubiera sido testigo de su reprimenda pública. No quería hablar sobre aquel asunto, al menos no hasta que le preguntara a su mamá qué significaba esa palabra. Lucinda sabiamente se reservó sus pensamientos. Ella sabía lo que esa palabra significaba, pero no quería explicársela a Laura. De cierto modo, estaba feliz de que aquí las cosas fueran un poco diferentes. Lucinda, no necesariamente, quería llamar la atención, pero era molesto para ella que todo el mundo dijera lo inteligente que era Laura, mientras que de ella solo decían lo "negra" que era. Se preguntaba cuál sería la reacción de su madre cuando supiera la historia de Laura.

Cuando Laura llegó a casa, inmediatamente le pregunto a su madre el significado de esa palabra. Su madre le explicó que Zago es un pez con una boca muy grande y le cuestionó que por qué lo preguntaba. Los ojos de Laura se abrieron en asombro cuando se dio cuenta de que su profesora no era muy amable que digamos. ¡Qué forma tan horrible de referirse a un estudiante! La profesora que Laura tenía en el campo nunca insultaría a un niño de tal forma, especialmente a Laura que era su favorita. Desde ese día la opinión de Laura sobre su escuela empezó a cambiar.

Mientras los días transcurrían, parecía que Lucinda le agradaba más que Laura a la maestra, porque ella era tranquila y obediente. Lucinda nunca habló, nunca cuestionó ninguna instrucción que le diera la maestra y siempre respondió con un: "Sí, señorita". Laura era un poco más extrovertida y ligeramente más rebelde cuando se trataba de hacer las cosas a su modo. Esto nunca fue un problema en la pequeña escuela del campo, en donde la profesora respetaba mucho a su padre y sabía que Laura era una estudiante brillante. Las cosas eran diferentes en la capital, donde todos los estudiantes provenían de familias adineradas. Laura no contaba con las ventajas que tenía en su escuela del campo. Por su falta de favoritismo, Laura le pediría a sus padres un cambio que sin lugar a dudas revolucionaria el mundo de ella en gran manera.

Cambio de escuela

Como la escuela a la que asistían Laura y Lucinda solo llegaba hasta el cuarto grado de primaria, Lucinda tendría que asistir a una nueva escuela en otro vecindario para el próximo año, junto a Mariela en un grado más alto. Laura tendría que asistir sola a la misma escuela, en la misma clase y con la misma maestra. No le gustaba esta idea en lo absoluto. Quería asistir a la otra escuela con sus hermanas mayores y escaparse de esa maestra, a la cual obviamente no le agradaba. Le rogó a sus padres para que la sacaran de esa escuela y así poder asistir a la otra con Lucinda y Mariela. Sus padres decidieron que sería una buena idea enviar a sus tres hijas a la misma escuela aunque cada una estuviera en clases diferentes.

A pesar de que esto era lo que Laura pensaba que quería, fue en esta escuela en donde empezó a ser atormentada por sus compañeros. Quizás todo comenzó porque descubrieron que Laura provenía del campo y obviamente no se familiarizaba con sus costumbres capitaleñas y por esto sus nuevos compañeros de clases empezaron a burlarse de ella, llamándola con nombres despectivos, llegando al punto de que un día, uno de los niños la llamó "fea" por tener la nariz grande. A pesar de que Laura no tenía la piel tan oscura como la de su padre, esta sí había heredado sus facciones africanas. En el campo, las apariencias y las ropas a la moda no eran tan importantes como trabajar arduamente. Claramente, aquí en la ciudad, las apariencias y el estado social eran muy importantes.

Cuando sus compañeros de clase se dieron cuenta de que Laura era muy inteligente, se sintieron celosos y pensaron que no pertenecía a su clase, buscaron un detalle físico para poder criticarla y burlarse. Descubrieron que le molestaba que se burlaran de su nariz, entonces hicieron de esta expresión facial el punto fuerte de sus bromas pesadas en el diario vivir. Lo decían tan a menudo que Laura empezó a notar que su nariz era más grande que las del resto de las niñas en su clase. Empezó a desarrollar un complejo acerca de esta y se preguntaba qué podía hacer con la ofensiva nariz que había heredado de su padre.

Laura empezó a retraerse de la vida social o cualquier interacción. Solo tenía un amigo, quien era muy callado y tímido. La que alguna vez fue una feliz y energética niña, se había convertido en una niña triste y amargada. Se la pasaba frente al espejo, observando su nariz. De verdad sentía que si esta fuera más pequeña, su vida sería totalmente diferente. Ni un solo día pasaba sin que alguien hiciera un comentario acerca de su nariz.

Cuando estaba en clases, se sentaba en el último asiento de la última fila, de forma que nadie pudiera verla. Nunca participaba en clases y siempre estaba callada. Cuando tenían que hacer la fila para cantar el Himno Nacional, Laura se paraba detrás de las niñas altas a pesar de ser de baja estatura, así podía esconder su rostro y evitar ser molestada.

Ya no iba a fiestas. A las pocas que asistió, terminaba con niños burlándose de ella y, por ende, arruinándole el momento. Tomó la decisión de no asistir a ninguna, nunca más, y se sumergió en su pequeño mundo. Sus estudios se convirtieron en su vida.

Un día, la clase planeó un viaje al zoológico. Laura estaba muy emocionada después de mucho tiempo porque le dijeron que verían animales salvajes y ella nunca los había visto. Recordaba la magnífica interacción que tenía con los animales en el rancho de su padre, cómo extrañaba la vida en el campo, en donde podía ser feliz y correr libremente entre los árboles y las flores.

Inmediatamente llegaron, una niña apuntando hacia la jaula de los monos y mirando a Laura vociferó lo más alto posible para que todos escucharan: "¡Esta debe ser tu familia, lucen exactamente como tú!"

Esto le arruinó el momento mágico a Laura, mientras todos se reían de ella. Incluso su profesora no pudo contener la sonrisa. Ese día fue miserable para Laura, empezó a tomar decisiones y a hacer promesas para su interior que le afectarían desde ese día en adelante. Se reservaba internamente todos esos sentimientos negativos, mientras que el próximo niño que conoceremos de este vecindario, elegirá expresarlos abiertamente...

Capítulo 3

Héctor

Cuando Héctor nació, aparentaba ser un hermoso y saludable bebé. Fue el tercer hijo de su familia de clase media alta. Su padre era el dueño de una agencia de envíos. Tenía una hermosa casa en el vecindario, el mismo en que Laura eventualmente se mudaría. Era el único del vecindario que tenía un televisor. También conducía un automóvil elegante y muy caro por cierto. Era sumamente respetado por aquellos a su alrededor y era conocido como un empresario excepcional.

A los dos años de edad, su hermoso hijo pequeño, Héctor, contrajo una enfermedad muy rara que le desfiguró su rostro y cuerpo. Los doctores no tenían idea de que se trataba o de la causa de esta. Empezaron a crecerle verrugas en todo su pequeño cuerpo. Estas úlceras se les abrían y cicatrizaban dejando feas marcas que empezaron a transformar su rostro, el cual alguna vez fue hermoso, en una imagen que resultaba difícil de mirar para mucha gente. Sus ojos lagrimeaban constantemente, babeaba y sus manos siempre estaban sudorosas. Solo creció tres pies de estatura y le creció una joroba en su espalda. Sus piernas eran cortas y sus brazos estaban torcidos. Sus ojos todavía eran aquellos hermosos ojos azules con los que había nacido, pero ahora tenían un aspecto vidrioso causado por el constante lagrimeo.

Héctor no tenía idea de su aspecto exterior. Su madre había removido todos los espejos que podían permitirle a Héctor ver lo que la enfermedad le había hecho a su cuerpo. Sin tener nada con que compararse, continuó con su vida como si todo estuviese normal. Solo sus padres y sus hermanos conocían la devastadora verdad; los médicos no podían hacer nada para revertir los efectos y el daño que la enfermedad le había causado a su joven cuerpo. Lo mantenían dentro de la casa y en el jardín, lejos de ojos curiosos y así lo amaban incondicionalmente, a pesar de su cuerpo deforme. Sus hermanos interactuaban con él, así como lo hacían entre ellos. A pesar de que los padres de Héctor tenían miedo de tener otro hijo con la misma enfermedad debilitadora, tuvieron otros tres saludables hijos. Ahora Héctor tenía dos hermanos mayores, dos hermanos menores y una hermanita.

Un día, la madre de Héctor lo llevó a la Iglesia con ella. Esto fue durante el gran festival de la virgen María. Su madre había estado rezando a la virgen desde que su hijo empezó a desarrollar los síntomas de esta horrible enfermedad. Vistió a Héctor con ropa muy bonita. Era un poco más grande para él, en un esfuerzo de esconder la deformidad que la enfermedad le había causado en su espalda. Irían a la Iglesia a encender una vela a la virgen María, como su madre le había indicado. Héctor nunca antes había ido a la Iglesia. Estaba fascinado con la belleza de los cristales de las ventanas tintados y las estatuas de los santos en todo el interior del edificio. Había imágenes de ángeles en todo su alrededor, pero lo que de verdad llamó su atención fue la estatua, al frente del gran salón, de un hombre clavado a una cruz. Héctor no podía quitarle los ojos de encima.

Héctor le preguntó a su madre por que este hombre estaba clavado a una cruz, a lo que ella le contestó que fue por todos nuestros pecados. Luego le recordó que fuera cauteloso, respetuoso y silencioso en la Iglesia, le respondería todas sus preguntas cuando llegaran a casa. Se dio cuenta de que necesitaba enseñarle historias de Jesús. Sus otros hijos habían ido a clases de religión, pero no había enviado a Héctor por no querer exponerlo al mundo exterior.

La madre de Héctor esperó hasta que no hubiera nadie frente a las velas para acercarse con su pequeño. Héctor había desarrollado una joroba en la espalda que le hacía caminar arrastrando los pies, así que su madre caminó despacio para poder ir al compás de él y no atraer la atención de nadie. Mientras se acercaban a la mesa en donde muchas velas ya estaban encendidas, Héctor observaba cuidadosamente a su madre. Le dijo que ella encendería una vela y que luego él podría encender otra por su cuenta. Podía sentir la urgencia de su madre para hacer esto y de verdad quería complacerla.

Su madre encendió la vela, cuando le pasaba los fósforos, un señor muy bien vestido le tocó el hombro y los tomó de sus manos. Dijo que encendería la vela por su hijo, pero que debía sacarlo del santuario inmediatamente.

Héctor miró confundido a su madre; esto no era lo que ella le había dicho que ocurriría. Quería hacer lo que él estaba seguro que complacería a su madre, pero la mirada que vio en el rostro de su madre, era algo que no podría olvidar. Era como si este hombre hubiese golpeado a su madre en medio del rostro. Ella estaba en shock y había empezado a llorar. Agarró la mano de su hijo, lo cargó en sus brazos y lo acercó hacia ella, mientras corría para salir de la Iglesia. Desafortunadamente, aunque Héctor no sabía lo que había pasado, ya había cicatrices formándose en su interior que más adelante serían la razón de sus malas decisiones en la vida.

¿No todos tenemos derecho de ir a la escuela?

Cuando Héctor cumplió siete años ya podía empezar la escuela. Su madre estuvo ayudándolo en casa con las discapacidades que la enfermedad le había causado.

Usaba anteojos que le ayudaban a concentrarse y a no parpadear muy rápido, básicamente le ayudaba a prevenir que sus ojos se les aguaran por la tensión de tratar de ver las cosas claramente. Había fortalecido sus piernas y a pesar de que era de baja estatura, podía caminar a una velocidad normal. De hecho, ni siquiera lucía más bajo que la mayoría de los niños de su edad. Se vestía con ropa holgada y se paraba lo más derecho que podía para compensar la joroba en su espalda. Su madre esperaba que pudiera encajar con los demás estudiantes y alcanzar una educación sin ser ridiculizado. Pronto, sus esperanzas serían destruidas por la crueldad del mundo a su alrededor; iba a ser golpeada en el rostro nuevamente.

Inscribió a Héctor en la escuela, él estaba muy emocionado y no podía esperar a que comenzara. Su madre le compró todos sus útiles y cuidadosamente, él mismo, los empacó en su mochila. Su escuela estaba a alrededor de dos cuadras de su casa. Caminó hacia allá solo, asegurándole a su madre que no llegaría tarde. Llegó en el momento en que los estudiantes estaban haciendo la fila para entrar al edificio.

Mientras Héctor se unía a la fila, unos estudiantes se voltearon a verlo y empezaron a gritar de terror. La profesora que estaba encabezando la fila corrió hacia atrás para calmarlos, diciéndoles que Héctor estaba en la fila equivocada y que no se asustaran. Fue hacia donde Héctor y le pidió que se devolviera a casa; ella contactaría a su madre después para aclarar las cosas sobre la clase que le correspondía.

Héctor no entendía qué había pasado. Había hecho todo lo que su madre le había dicho que hiciera, apenas se había unido a la fila para entrar al edificio. Ni siquiera había hablado con nadie. ¿Qué podría haber hecho para que esa maestra lo enviara a casa sin siquiera haber entrado al edificio? Observaba mientras la maestra guiaba a los demás niños hacia el aula como si los estuviera protegiendo de un monstruo. Dio la vuelta y se fue triste a casa, mientras caminaba con la cabeza baja. Su madre lo vio venir y corrió hacia él preguntándole por que no estaba en la escuela. Cuando Héctor le contó a su madre lo que había pasado, se sujetó la cabeza tristemente como si esperaba que algo así pasara, a pesar de que esto no era lo que deseaba.

"Iré y hablaré con la profesora", le dijo a Héctor. "La escuela es para todos los niños."

Tomó a su hijo firmemente de la mano y marcharon determinados hacia la escuela. Mientras iban caminando, le reafirmó a Héctor que él tenía todo el derecho de ir a la escuela como los demás niños de su edad. Mientras entraban al edificio para ver a la profesora, los niños en el pasillo miraban a Héctor con terror. La maestra les pidió que esperaran en el salón de profesores, donde luego los encontraría, lejos de los ojos de los demás estudiantes.

"¿Por qué envió a mi hijo a casa?, preguntó la madre de Héctor con una voz acusadora.

"No lo envié a casa, señora", dijo la profesora a la defensiva. "Él se fue por su cuenta. Simplemente le dije que sentía que estaba en la clase equivocada, porque luce más pequeño que los otros niños. Le dije que quería hablar con usted sobre la clase que le corresponde."

La profesora miró a la madre de Héctor buscando cierto entendimiento. Recibiendo nada más que una mirada determinada, la maestra preguntó, "¿Cuál es su nombre?" "Héctor Olivo", dijo su madre lo más calmada que pudo, sabiendo que su hijo no había distorsionado la verdad. "Sí", dijo la profesora moviendo su cabeza, "su nombre está aquí. Lo llevaré al salón de clases y le asignaré un asiento. Pero debo advertirle que no seré responsable por los comentarios de los otros estudiantes. Haré lo mejor que pueda para controlarlos."

La madre de Héctor lo miró tristemente como si supiera lo difícil que sería para él, "¿Te quieres quedar, mi hijo?"

Confundido por todo lo que estaba ocurriendo, Héctor le dijo, "Claro, por supuesto que quiero quedarme. Quiero ir a la escuela y aprender como todos los niños."

La profesora de Héctor lo llevó al salón de clases y lo sentó discretamente lejos de los demás estudiantes. Sin embargo, no tardó mucho para que las burlas y discriminaciones, tanto por parte de los estudiantes como de los profesores, abrumaran a Héctor. Todos huían de él. Nadie quería estar cerca de él. Nadie quería estar a su lado. Decidió que esto no funcionaria y su madre estuvo de acuerdo.

Después de unas semanas de tortura, su madre no lo forzó a volver cuando dijo que no quería seguir yendo. Encontraría otras formas de educarlo. No había nada que su familia pudiera hacer para protegerlo de las miradas de las personas que le tenían miedo.

Una de las cosas que su madre hizo fue tratar de incentivar a los niños del vecindario a ir a su casa para ver un show y algunas bebidas refrescantes. Como eran los únicos que tenían un televisor, lo utilizó como "soborno" para que los niños fueran y conocieran a su hijo, mientras disfrutaban de la comida y una oportunidad de ver televisión. Su estrategia funcionó con algunos de los niños del vecindario pero otros seguían temiéndole, como Laura.

Lidiando con la crueldad y rechazo de los demás

Luego de que Laura saliera corriendo de su casa, sin siquiera haber hablado con él ese día, Héctor decidió que se pondría a mano con ella y con cualquier otro que fuera poco amable con él. Estaba desarrollando una mala actitud por la forma en que las personas lo trataban. Empezó a ver cómo trataban a aquellos que eran diferentes, pero en lugar de corregir lo que estaba mal por lo correcto, Héctor escogió un camino que empeoró aún más las cosas.

Cuando los demás niños iban a su casa a ver televisión, Héctor preguntaba dónde estaba la niña fea del vecindario. Se enteró de que su nombre era Laura y le dijeron dónde vivía. Como tenía que pasar por su casa para ir a la escuela, la esperaba en el frente y cuando pasaba la llamaba con nombres despectivos. Un día escucho que algunos de los niños se burlaban de su nariz.

Esa era toda la "munición" que necesitaba. Humillaba a Laura en público en cada oportunidad que tuvo, diciéndole cosas negativas acerca del tamaño de su nariz. A pesar de que no era alto de estatura, Héctor había desarrollado una tremenda fortaleza en la parte superior del cuerpo para compensar su falta de estatura y peso. Se convirtió en una persona agresiva y amenazadora. A pesar de que probablemente no había ganado muchas confrontaciones físicas, entre sus comentarios hirientes y su apariencia física fue catalogado como el bravucón o bully del vecindario. Nadie quería estar cerca de él.

Cuando descubrió que todos los niños estaban desaparecidos la tarde del miércoles después de la escuela, decidió averiguar hacia dónde iban todos. Cuando descubrió que era una clase de religión, se unió a ella con el mero propósito de victimizar a todo aquel que pudiera. Se sentaba silenciosamente en el fondo de la clase, buscando a los estudiantes que eran más sensibles, tímidos y tranquilos. Luego se posicionaba en donde podía enemistarlos, sin que las monjas estuvieran viendo. Hizo todo lo que pudo para distraerlos en clase. Para él, la comunidad religiosa lo había rechazado al igual que sus compañeros, así que podía dar un golpe doble al victimizar a los estudiantes más débiles en la clase de religión. Como la Pascua de Resurrección se acercaba, Héctor se dio cuenta de que tendría la gran oportunidad de criticar y humillar a muchos niños del vecindario, los cuales se negaban a ir a su casa, incluso con el incentivo del televisor y la buena comida. Laura encabezaba su lista. Estaba determinado a observarla para llenarla de comentarios hirientes sobre sus galas de pascua. Escuchó a los demás discutir sobre esto, mientras veían televisión en la sala. Todos hablaban sobre las nuevas ropas y zapatos que compraban para esta fiesta religiosa tan especial.

Mientras comenzaba el domingo de pascuas, Héctor observaba y esperaba la oportunidad perfecta; sabía que debía ser cauteloso porque el papá de Laura había llegado hacía poco. Aún nadie lo conocía, pero parecía ser un señor algo intimidante. Héctor no quería tener ninguna confrontación con este hombre. Había aprendido a escoger a sus víctimas cuidadosamente y a asegurarse de que estuvieran lejos de quien estuviera dispuesto a defenderlos.

No hubo oportunidad porque la familia se había ido a la iglesia, pero cuando volvieron, Laura parecía distanciada de ellos. Al parecer había discutido con su hermano menor y se notaba enojada, y se había quedado bien atrás del resto de su familia. Héctor encontró una oportunidad y saltó desde la parte trasera de una cerca. Laura se sobresaltó cuando Héctor se paró de repente frente de ella.

Disfrutando la expresión de sorpresa que invadió el rostro de Laura, Héctor le dijo: "Te ves más fea de lo normal con ese vestido, parece como si estuvieras usando un disfraz. ¿Estás tratando de ocultar tu fealdad? El color rosado solo lo pueden usar las mujeres rubias y bonitas. ¡Tú no eres bonita, eres fea como un caballo!"

Le expresó su doloroso mensaje con una voz burlona…, y luego Héctor desapareció rápidamente, detrás de la cerca. Pudo ver cómo Laura empezó a llorar, mientras salía corriendo para su casa. Escuchó de los otros niños que Laura había quemado aquel hermoso vestido de Pascuas y rehusó usar el rosado desde ese día. Nadie excepto Héctor sabía el por qué. Sacó una macabra sonrisa en secreto al darse cuenta de que había obtenido su venganza.

Capítulo 4

Causa y Afecto

Cada uno de estos niños estaba afectado por las circunstancias a su alrededor. Cada uno tenía su propia "cruz" que cargar. Cada uno tenía la encrucijada de tomar la decisión de cuál camino tomar. ¿Permitirán que las circunstancias los controlen o elegirán resurgir desde esos desafíos para convertirse en vencedores?

Mariela no terminó sus estudios medios. Sus hermanas la llamaban "cerebro de pollo" porque no podía competir con ellas académicamente. Descubrió que amaba la costura y convenció a sus padres de que la dejaran abandonar la secundaria para inscribirse en clases de costura. Fue obvio para sus instructores que ella era excelente en esta área, por lo que recibió la oportunidad de irse a los Estados Unidos para estudiar en una famosa escuela de diseño. Se graduó y se fue a trabajar con diseñadores de moda muy famosos.

Lucinda, por su parte, continuamente trataba de cambiar su imagen exterior. Trató una y otra vez de bajar de peso, a menudo de forma muy poco saludable. Desesperadamente trató de aclarar su piel usando blanqueadores y otros químicos nocivos, todo esto en un esfuerzo por negar que fuera negra. Se alisaba el pelo y trataba de hacerse pasar por "blanca". Luchando con sus problemas interiores respecto a su propia identidad, Lucinda dividió su personalidad en dos. A veces era muy temperamental, dura e incluso cruel, y otras veces era tan dulce y amable que sus amigos se aprovechaban de ella. Lucinda descubrió que era una muy buena negociante. Incluso cuando era muy joven, estableció su propio negocio con tutorías para los niños de preescolar; todo esto antes de graduarse de la secundaria. Más tarde decidió estudiar derecho y se graduó con un doctorado en leyes. Se convirtió en una abogada muy reconocida con el sobrenombre de: "la abogada de acero". Sus oponentes le temían y los jueces la respetaban. Se volvió conocida por ser la defensora del débil y por pelear hasta obtener justicia, sin importar quién fuera su cliente. Les cobraba un alto precios a los ricos y se ofrecía para defender a los pobres pro bono.

A pesar de que emulaba fuerza y rudeza, muy adentro, en el fondo se escondía una mujer muy frágil e insegura que deseaba ser admirada y aceptada por los demás.

Gilberto estaba celoso de Laura porque era inteligente y buena en todo lo que hacía. Gilberto creció y se convirtió en un joven egoísta y envidioso que no sentía amor propio ni por otros. Sentía que no tenía el respeto de su padre o de sus hermanos. Empezó a tomar, bailar y a pelear en la calle. Iba de relación en relación y de trabajo en trabajo. A pesar de que se juntaba con muchas personas fiesteras, en realidad no tenía ningún amigo. Gilberto creció odiando a su padre, quien se caracterizaba por su honestidad y buena ética de trabajo; todo lo que Gilberto sentía que nunca podría ser. Empezó a creer que era socialmente inútil.

Héctor empezó a caminar por las calles y buscaba formas de enemistarse con los vendedores ambulantes. Generalmente se enfocaba en aquellos que estaban más lejos del grupo, ya que estos eran más vulnerables a sus bromas y ataques sutiles. Había una niña al final de la calle que vendía dulces en una bandeja, Héctor se aproximó a su mesa, fingió que estaba decidiendo qué comprar y luego tocó cada pieza de dulce con sus sucias y sudorosas manos. Les jugaba bromas similares a los otros vendedores hasta que estos lo perseguían.

Teo era denigrado por los niños del vecindario, por el color de su piel y por el hecho de que le gustaba trabajar como mecánico. Esto era considerado por sus vecinos engreídos como un trabajo de baja categoría; por lo tanto, Teo buscaba amigos en otro vecindario que no eran de clase tan alta. Descubrió que su trabajo como mecánico le había dado una gran fuerza física, así que fácilmente podía vencer a los bravucones más rudos del barrio. Desarrolló un brazo fuerte y poderoso, y a menudo podía golpear hasta herir seriamente a sus oponentes que no estaban alertas.

Cuando Teo terminó sus estudios medios, fue a una secundaria en otro vecindario. Descubrió que asistir a esa escuela, lo ponía en medio de una discriminación aún más feroz. En esta área había bandas que se organizaban en contra de aquellos que eran de diferentes etnias y regularmente tenían confrontaciones entre ellos y aquellos que rehusaban unirse a sus "organizaciones". Teo era negro y de una clase más baja de la ciudad, así que no encajaba en ninguno de estos grupos.

Un día, una banda llamada Los Alcapones fue tras Teo por rehusar rendirse ante uno de los bravucones de allá. Lo persiguieron por varias millas hasta que pudo escapar de su ataque. Este clan dejó claro que hablaban en serio cuando se referían a perseguirlo y le advirtieron que si volvía a su territorio, lo asesinarían. Teo habló con su padre sobre esto y estuvo de acuerdo con que no valía la pena correr el riesgo.

Él y su padre decidieron que era lo mejor para perseguir lo que amaba y convertirse en un gran mecánico. Su padre lo inscribió en la mejor escuela para mecánicos del país.

Teo estaba muy feliz y se convirtió en un aprendiz, hasta que pudo encontrar un trabajo como mecánico de vehículos diesel alemanes. Se convirtió en el mecánico número uno en su división y luego inauguró su propio negocio. Su negocio creció para convertirse en uno de los más grandes del país. Abrió varios locales y firmó grandes contratos con marcas internacionales. Les dio trabajo a cientos de personas, incluso contrató a algunos de los que se burlaban de él en su viejo vecindario. Nunca olvidó de dónde vino y siempre se esforzó en ayudar a aquellos que estaban dispuestos a trabajar duro y a superarse.

Laura soportó un año de puro tormento por parte de sus compañeros en la escuela donde ella y su hermana asistían. Esta escuela de clase alta era solo para los ricos y Laura decidió que esta sociedad de personas de clase alta no le gustaba mucho. Hizo algunas investigaciones por su cuenta y decidió que se enfocaría en sus estudios e ignoraría a aquellos que buscaban un estatus. Había una escuela intermedia en el centro de la ciudad que consistía en estudiantes de diferentes clases socioeconómicas con antecedentes mezclados y solo era para muchachas. Laura se dispuso a encontrar una manera para entrar a esta escuela. Temiendo que sus padres no estuvieran de acuerdo y de que se dieran cuenta de que era muy joven para ir a esta escuela, se le ocurrió un plan.

Así, comenzó la vida de decepción de Laura, una que justificaba al momento de perseguirla. "El fin justifica los medios", esta frase se convirtió en su lema. Las personas la forzaron a estas medidas extremas como resultado del maltrato tan cruel recibido. No tuvo otra opción más que tomar los asuntos en sus manos. Necesitaba tomar control de su propia vida.

Laura usó sin permiso los documentos de Lucinda para inscribirse en la escuela intermedia. Laura se sentía y le iba mucho mejor en esta escuela, por lo que continuó falsificando sus notas escolares para poder continuar avanzando cada curso. Cuando cumplió 16 años, ya podía inscribirse en la universidad local.

A pesar de que sus padres sospechaban que algo no andaba bien, estaban aliviados de que Laura por fin parecía estar ajustándose a la vida en la ciudad y de que obviamente le estaba yendo excelente en su desenvolvimiento escolar. Además, Laura fue la primera de su familia y de su vecindario en ir a la universidad. Sus padres estaban tan orgullosos de ella que incluso se hicieron de la vista gorda con algunas cosas que hacía. Laura aún estaba acomplejada de su nariz, pero la diferencia de esa etapa de su vida era que estaba enfocada en cosas más importantes como sus logros académicos, y eso la enorgullecía mucho. Su autoestima se había disparado. Laura ahora podría demostrar orgullosamente su inteligencia y habilidad. Empezó a sentirse superior a todo el mundo a su alrededor. Pasó de una infancia despreocupadamente alegre en el campo a una tormentosa pre adolescencia y adolescencia a la vez, cargadas de drama y cicatrices psicológicas. En un punto de su vida, Laura quiso convertirse en monja para poder escapar de toda la sociedad. Como esta no era realmente una opción, Laura se la ingenió con otra forma de superar sus inseguridades y baja auto estima, inculcadas durante este periodo de crecimiento emocional. Ella compensó demasiado y se convirtió en una persona arrogante y orgullosa. Trataba a las personas inferiores a ella con desprecio. Los sirvientes que trabajaban para sus padres habían renunciado, porque era imposible trabajar alrededor de Laura. La madre de Laura encontraba cada vez más difícil contratar y mantener el servicio, y más porque se había regado la voz de que era un lugar muy difícil para trabajar.

Laura también desarrolló un gusto por la ropa cara y elegante. Muchos de sus conjuntos eran importados. Se aseguró de vestirse como nadie más. Incluso sus cosméticos eran extravagantes. Lucinda, quien descubrió que tenía buena mano para la cosmetología, hábilmente peinaba el cabello de Laura y la maquillaba, de esa forma siempre lucía como la mejor. Cuando Mariela se mudó a los Estados Unidos, le enviaba a Laura todo tipo de ropa, zapatos y bolsos lujosos que nadie más en el vecindario tenía o podía conseguir. Laura se convirtió en la típica muchacha de alta sociedad. No quería juntarse con la gente pobre de su ciudad. Odiaba vivir en su vecindario. Buscaba símbolos de estatus para probar su superioridad. Todavía amaba ser la primera e hizo todo lo posible por serlo. Buscaba formas de sobrepasar u opacar a todos a su alrededor. Fue la más joven de la ciudad en tener un automóvil. Laura se mantuvo siendo líder en sus actividades extracurriculares antes de graduarse, y empezó a desarrollar algunos lazos políticos peligrosos en su búsqueda de notoriedad.

Capítulo 5

Abandono de su tierra natal

Laura era una gran oradora, diferentes asociaciones y clubes la invitaban a hablar en sus conferencias; muchas veces estas eran controversiales. Laura estaba muy avanzada, por lo que muchas personas no la entendían. A menudo pensaba muy diferente a las demás personas. Tenía un conocimiento mucho más allá para su tiempo y para ser una persona cuyo país recientemente había sido gobernado por una tiranía. Las personas de aquel entonces aún no habían superado los treinta años que perduraron bajo el mandato de un dictador. A Laura le gustaba tanto el periodismo y la publicidad, que se inscribió en una escuela de radiodifusión. Antes de graduarse, los estudiantes debían ser evaluados frente a la cámara. El profesor solo invitó a los estudiantes atractivos y les dijo a los no aparentes que no podían asistir. Después de lo sucedido, Laura decidió cambiar de carrera, pero su fama en el circuito de oradores empezó a causarle serios problemas.

A pesar de que el dictador había sido asesinado, el país seguía gobernado por sus sucesores. Por esta razón, Laura se vio forzada a abandonar el país. Dejó todo atrás y se fue a los Estados Unidos con su hermana Mariela.

Al principio, Laura pensó que ser enviada a los Estados Unidos era un castigo de Dios para romper su orgullo. Sufrió mucho durante el primer año viviendo allá. Lejos de su tierra natal, se sentía sola y abandonada. Todos siempre andaban apresurados. Algo que sí notó fue el hecho de que en aquel país, a las personas no les importaban mucho las diferencias sociales. Aunque pronto se daría cuenta de que irse a los Estados Unidos era el camino a encontrar todo lo que había buscado, felicidad, paz y quien ella fue realmente llamada a ser. ¡Laura bendeciría el día en que llegó a aquel país maravilloso!

Laura debía asistir a una entrevista para completar su maestría. La persona que condujo la entrevista estaba encantada de hablar con ella. Laura estaba maravillada por conversar con un hombre tan inteligente, quien al parecer podía hablar sobre cualquier tema sin problema alguno. Concluyó la entrevista, pero se puso a su disposición en caso de que Laura necesitara lo que fuera. Con el paso del tiempo se llamaban frecuentemente. Cada vez que terminaba de hablar con él, se sentía muy feliz. Lo consideraba un hombre muy amable e inteligente con un gran deseo de ayudar a los demás.

Un día, aquel caballero la invitó a una actividad que su congregación estaba celebrando. Dado el gran respeto que sentía por él, sentía que no podía rechazar su invitación. El lugar al cual la invitó resultó ser una iglesia donde predicaban el evangelio de Jesucristo. Laura nunca antes había ido a una Iglesia Cristiana, de hecho le tenía miedo a entrar a esos lugares. Cuando niños le habían enseñado a mantenerse lejos de esos lugares, porque las personas que iban alababan al diablo. En el campo, los niños de su vecindario incluyendo a sus hermanos, arrojaban piedras a esos lugares. Los cristianos eran considerados los más pobres de la sociedad. Nunca le permitieron ser amiga de ellos.

Con los recuerdos de su infancia dando vueltas en su cabeza, Laura se sentó en la parte de atrás del salón. No quería asociarse con esas personas. Todo lo que hacían le molestaba. Rezaban a toda voz. La música era alta y las canciones tenían palabras que parecían resonar en su cabeza, haciéndole querer salir corriendo de aquel lugar. Controló su miedo por respeto a aquel hombre que la invitó.

El pastor fue presentado y empezó a hablar sobre el amor, el perdón y cómo Jesús nos había dado un ejemplo de una vida llena de amor. Luego explicó la evidencia o el fruto de una vida amorosa. Laura se llenó de asombro, nunca había escuchado a nadie hablar de Jesús de esa forma. Su cuerpo empezó a llenarse de una felicidad intensa. No podía contener las lágrimas. Su garganta se le cerraba. Sentía que se le saldría el corazón del pecho. Vio una luz brillante que iluminó todo su ser. Su cuerpo se sentía tan ligero que pensaba que podía volar con poco o sin ningún esfuerzo. Cuando salió del estado de éxtasis, se encontró arrodillada de cara al suelo.

Su vida cambió por siempre. Acababa de conocer al Dios viviente. Jesús había tocado su vida. Su amigo le obsequió una Biblia como regalo. Laura nunca había leído la Biblia. La creencia de su gente era que si leías la Biblia enloquecerías. Mientras continuaba leyendo su nueva Biblia y asistiendo a la iglesia de cristianos creyentes, su fe y conocimiento sobre Jesús y quién era Dios seguían creciendo. Todo lo que había estado buscando, lo había encontrado en su nueva relación con Jesús. El amor y la aceptación que tanto anhelaba, ahora los tenía mientras aprendía lo mucho que Dios la amaba. Continuó llamando a su amigo y ahora conversaban sobre lo que Laura estaba aprendiendo de la Biblia y las enseñanzas en la Iglesia Cristiana. Así cómo había alcanzado el conocimiento y el entendimiento en todo lo que había estudiado, así buscó conocer todo sobre Dios y Su amor, y sobre todo Su perdón y aceptación.

Creciendo en sabiduría y conocimiento

Una de las cosas más importantes que Laura había aprendido era cómo deshacerse de los pensamientos negativos que habían invadido su mente, desde aquellos días en la escuela de la capital. Esos pensamientos que le habían hecho sentir inferior y la capturaron en un mundo de baja autoestima, para tratar de ganar aceptación de esos alrededor de ella. Laura buscó superar su encerramiento, sumergiéndose en aprender cosas nuevas y conseguir reconocimiento en lo académico. Así como conseguía lo que pensaba que deseaba y necesitaba, así cubría sus inseguridades con pensamientos de superioridad, basados en sus logros. Se convirtió en una persona arrogante y poco condescendiente con todos a su alrededor. Cuando aprendió el gran amor de Dios por ella, se dio cuenta que no lo merecía. Cuando pidió por el perdón, Jesús llenó su corazón con el sentimiento de ser amada por Él, y la perdonó por todo lo que había hecho. Cuando se dio cuenta de cuánto le había perdonado, supo que tenía que empezar a hacer lo mismo con los demás.

Laura aprendió a liberarse, ya que no necesitaba defender su punto de vista degradando e insultando a los demás. También se dio cuenta que debía dejar de estereotipar y juzgar a las demás personas. Descubrió que lo que detestaba en los demás cuando estaba creciendo, ahora también lo estaba haciendo ella por todo el dolor y rabia que sentía. Su dolor y sufrimiento reprimidos se manifestaban en su ira. Su miedo al rechazo le había causado un espíritu aguerrido, siempre en confrontación con los demás. Caminaba en arrogancia y no en gracia. Sus palabras transmitían condenación y crítica en lugar de transmitir amor y perdón.

Mientras Laura descubría quién era ante los ojos de Dios, descubría que no necesitaba herir a los demás para sentir amor y aceptación. Empezó a perdonar a aquellos en su corazón que la habían herido en la infancia. Mientras lo hacía, su corazón se llenaba de más y más amor, y menos dolor y sufrimiento. Comenzó a sentirse feliz y libre como aquella niña despreocupada corriendo en los terrenos del rancho de su padre. Lo único que ahora, su libertad provenía de correr hacia los brazos de su amado Padre Celestial. Había una paz en su mente que nunca antes había conocido.

Laura realmente creció en conocimiento y gracia, mientras conocía la verdad del amor de Dios que la había liberado del lazo de buscar aprobación de otros. Dios se convirtió en el punto focal de todo lo que decía y hacía, no solo la había cambiado en el interior, sino que también empezó a cambiarla en el exterior. Las personas veían a una Laura muy diferente. Ahora veía cada día como un milagro de Dios y empezaba cada día dándole las gracias por su vida; podía pasar el día confiando en Él como guía. Incluso cuando las circunstancias se salían de sus manos para deprimirla, confiaba en Dios para mostrarle Su propósito en todo lo que ocurría a su alrededor.

Cuando conoció al Dios que la creó, se dio cuenta de que nunca fue una víctima. Él la había diseñado para ser una mujer virtuosa. Esto significaba que sin importar las circunstancias a su alrededor, Dios le había dado una manera de sobreponerlas. La verdadera felicidad y paz vinieron de la transformación que Dios hacía desde adentro hacia afuera. El gran secreto que Dios le reveló a Laura fue que el mundo es un espejo de sus sentimientos, pensamientos, deseos e interpretaciones. Mientras Laura aprendía esta lección, Dios comenzaba a transformarla desde adentro hacia afuera.

Si veía a alguien haciendo algo que le desagradaba mucho, en lugar de juzgar a esa persona y condenarla, veía dentro de ella y veía el cambio que debía hacer en sí misma primero. Su fuerte reacción por lo que ocurría en el mundo era una muestra de que algo dentro de ella no funcionaba correctamente. Esto la hizo detenerse y pensar antes de reaccionar a situaciones externas. Cuando alguien le decía algo doloroso o crítico, en lugar de estallar en furia, tomaba un momento para analizar lo que habían dicho y ver si había una verdad que Dios tratara de revelar a través de lo que le habían dicho. Luego los perdonaría en su corazón por sus palabras hirientes y buscaba cambiar el problema interno que le había causado reaccionar de forma furiosa en primer lugar. Laura estaba empezando a caminar en la libertad del amor de Dios por ella y esto le cambió su percepción y la forma en que les respondía a las demás personas. Ya no les daba el control de su felicidad a las circunstancias de la vida. Escogió mostrar gratitud por todo lo que Dios había creado y así su vida se convirtió en un milagro tras otro. Aquellos que alguna vez la criticaban y estaban celosos de ella, ahora eran sus seguidores más fuertes. Mientras se convertía en la persona que Dios había diseñado, empezó a sacar lo mejor de aquellos a su alrededor. Todos alrededor de Laura notaban los cambios positivos en ella. Mientras crecía en conocimiento y en entendimiento de quién era Jesús y el llamado que Él le hacía para ser Su discípula, anhelaba compartir todo lo que había aprendido con su familia. Ya había empezado a compartir la Buena Nueva con Mariela. Al principio, Mariela estaba curiosa por la emoción y los cambios que veía en su hermana; luego, cuando Laura compartió lo que había experimentado en la Iglesia Cristiana, Mariela fue a ver de qué se trataba todo. Sabía que algo maravilloso había tocado a su hermana y estaba curiosa de la causa, por lo que aceptó la invitación de Laura de asistir a la Iglesia Cristiana. Dios tocó a Mariela, justo como lo había hecho con Laura a través de la prédica de su amor y misericordia. Acompañado con los cambios que había visto en Laura, no pasó mucho tiempo antes de que Mariela se arrodillara y aceptara el regalo de Dios del tan necesario amor por sí misma.

Laura habló con Mariela sobre el regresa a su tierra natal para compartir las maravillas que habían cambiado su vida. Se habían enterado de que la inestabilidad política había cesado y que aquellos que buscaban encarcelar a Laura por sus abiertos puntos de vista políticos, ya no estaban en el poder. Un domingo, el predicador habló sobre lo importante que era no retener el gozo y el regalo del amor de Dios por nosotros. Dijo que lo que ella había recibido no era para que se lo quedara, era para ser compartido con aquellos que necesitaban conocer y entender lo mucho que Dios los amaba. Su trabajo era compartir las buenas nuevas, primero con su familia y luego Dios la dirigiría hacia los demás.

Mientras hacía los planes para viajar a su tierra natal, en ella resurgieron algunos de los sentimientos por miedo al rechazo que alguna vez sintió en el pasado. ¿Y si su familia la rechazaba y pensaban que se había vuelto loca en los Estados Unidos? Mientras rezaba y le pedía fortaleza y coraje a Dios, algo en su interior le dio la fortaleza para ir y hacer lo que tenía que hacer. Su familia necesitaba escuchar las buenas nuevas. Sabía que cambiaria sus vidas así como se la había cambiado a ella.

Sin embargo, cuando Laura regresó a su tierra, se encontró con la noticia de que no había sido la única afectada por la escena política de su país. Héctor y su familia también habían sido severamente afectados por la misma agitación política, volátil, que había obligado a Laura a abandonar su país.

Capítulo 6

Regreso a su tierra natal

Laura se comunicaba con sus padres después de haberse ido a los Estados Unidos para vivir con su hermana Mariela. Su padre le había dicho que un alto oficial del gobierno se había mudado en el vecindario donde las familias de Laura y Héctor vivían. A pesar de que el padre de Laura había construido un hogar hermoso, los padres de Héctor tenían la más hermosa y prestigiosa casa en toda la comunidad. Aparentemente, esto molestó a la esposa de este influyente alto oficial del gobierno. Sentía que la madre de Héctor vivía una mejor vida que ella. Esto era algo totalmente inaceptable para alguien tan influyente en la política como su esposo. Se rumoraba que había fastidiado a su esposo hasta que se hizo algo por eso.

Una noche, el padre de Héctor no regresó a casa después del trabajo. La madre de Héctor lo espero hasta la medianoche y cuando no escuchó nada de su esposo, empezó a contactar los hospitales y estaciones locales de policía. A pesar de que la policía sí sabía lo que estaba ocurriendo, porque era un asunto político delicado, nadie le dijo nada a la familia de Héctor. Después de una semana de búsqueda desesperada, la madre de Héctor descubrió que su esposo había sido arrestado. En el barrio se rumoró que era serio y todos rehusaron hablar abiertamente sobre el hecho. Era un tiempo en el cual el arresto político era considerado como una amenaza para la vida. Cualquiera que hiciera muchas preguntas o que aparentaba estar con las personas investigadas, también se ponía en peligro.

Los padres de Laura, como el resto de los vecinos, querían ayudar pero tenían miedo de ponerse a la orden. El padre de Héctor eventualmente fue liberado y nunca fue condenado, pero nadie nunca trabajaría para él, motivo por el cual su negocio quebró. Cuando los vecinos vieron qué tan efectivo había sido el poderoso oficial destruyendo lo que su esposa consideraba una competencia por estatus social, todos se alejaron y rehusaron tener contacto con la familia de Héctor. El padre de Laura dijo que puso a todo el vecindario en tensión, pensando si alguno de ellos sería el próximo objetivo de esta socialmente codiciosa mujer. Héctor y su familia, la cual constaba de seis hijos, ahora estaban viéndose en la pobreza. El padre de Héctor finalmente encontró un trabajo, pero no era lo suficiente para mantener a su familia. Su historial político y el tiempo que pasó en la cárcel no le ayudaban a conseguir un buen trabajo que le pagara bien. Tuvo que aceptar cualquier trabajo que encontrara. Ahora la madre de Héctor también tendría que buscar un trabajo. Encontró trabajo como empleada doméstica, lavando y planchando la ropa de otras personas. Pasaron a ser unos de los más prominentes a ser los más pobres, en cuestión de pocos meses. Tuvieron que mudarse de su hermoso hogar y vender todas sus pertenencias para poder mudarse en algún alojamiento de bajos ingresos en otra parte de la ciudad.

De un momento a otro, la madre de Héctor adquirió una enfermedad grave que la dejó paralizada y en silla de ruedas durante varios años, hasta que la llevó a la muerte. El hermano de Héctor, Juan, abandonó la escuela para trabajar y ayudar a su padre a mantener la familia. Juan había heredado el sentido del trabajo de su padre y trabajó con integridad y dignidad en cualquier trabajo que pudo encontrar. Desarrolló una buena reputación en su trabajo y eventualmente pudo conseguir empleo en una gran compañía del área. Poco a poco, pudo abrir su propio negocio al igual que su padre alguna vez. Se dedicó a sus estudios y a conseguir una vida honesta.

Héctor empezó a ganarse la vida pidiendo en la calle. Sus hermanos le insistieron que fuera a vecindarios en donde no lo conocieran, porque no querían ser avergonzados por él. Sentía que esta era la única forma en que podía contribuir para ayudar a su familia. Así que salía temprano en la mañana y regresaba tarde en la noche, tratando de hacer su parte para mantener a su familia. Desafortunadamente, esto no ayudó la autoestima de Héctor ni lo ayudó a superar su tendencia de burlarse de aquellos que eran más débiles. Pedía dinero pero también aterrorizaba y robaba a los más débiles o a aquellos que no podían defenderse.

Héctor permitió que la envidia, el resentimiento y la ira tomaran su corazón. Sentía que era víctima de un cruel giro en su destino, el cual le había enviado una rara enfermedad para deformar su cuerpo y victima también de una sociedad cruel que había forzado a su padre a perder su trabajo por un problema político. También sentía que la religión lo había rechazado por las otras dos razones; así que su ira era dirigida a Dios, quien obviamente era cruel, injusto y prejuicioso, tal como la sociedad y los políticos.

Héctor se volvió como un animal salvaje en busca de víctimas para atacar..., se llenaba hiriendo con ataques verbales a otras personas. Su objetivo en la vida parecía ser perforar con comentarios cortantes e hirientes tantos corazones como pudiera. Destruir a los más débiles de la sociedad, de una forma u otra, lo hacía sentir mejor, a pesar de que a fin de cuentas, él también se estaba destruyendo.

Cuando Lucinda vio a Laura, notó que no era la misma que se había ido a los Estados Unidos, tras ser forzada a correr por su vida debido a su audacia política. Su tono de voz era diferente. No hablaba con la arrogancia que tanto le había caracterizado en su adultez. Su apariencia exterior también era diferente.

"¿Dónde está tu sombrero?", preguntó Lucinda. "En todas las fotos que habías enviado desde los Estados Unidos, estabas vestida con hermosos sombreros, pestañas postizas y mucha joyería cara."

Laura usaba un vestuario sencillo y a la vez elegante, con nada artificial. No usaba joyas, a excepción de su anillo de graduación. Para Lucinda, lucía totalmente como una mujer diferente.

"He cambiado", Laura empezó a explicar con una sonrisa. "Descubrí que gastaba mucho tiempo, energía y dinero tratando de impresionar a los demás. A pesar de que pensaba que me ayudaría a construirme en mis propios ojos, nada de lo que hacía en el exterior me ayudaba a cambiar la persona en que me había convertido en el interior. Descubrí que realmente no me gustaba la persona en la que me había convertido."

"Me alegra, hermana", dijo Lucinda. "Siempre te he querido, pero debo admitir que no me gustaba la persona en la que veía que te estabas convirtiendo."

"Ahora lo veo", Laura admitió triste. "Una de las razones por las cuales volví fue para disculparme contigo, por utilizar tus documentos para entrar a la escuela que quería. A pesar de que pensaba que era lo mejor para mí en ese momento, la forma en que decidí hacerlo no estaba bien. Empecé a desarrollar una actitud de que el fin justifica los medios. Sentía que merecía la educación que quería por la forma en que las personas me estaban tratando. Pensé que tenía el derecho de ir tras lo que sentía que merecía sin importar como lo consiguiera."

Lucinda asintió como si hubiese sabido todo este tiempo que se había ganado su educación de forma engañosa.

"Te perdono. Estoy contenta de que te haya ido bien en la escuela." Lucinda dijo sinceramente, todavía sorprendida por la transformación que había visto en Laura. "¿Qué pasó que te hizo cambiar tan drásticamente tu actitud hacia la vida?"

"Te diré todo, pero me gustaría hablar contigo y Gilberto al mismo tiempo", dijo Laura. "¿Puedes llamarlo para ver si podemos juntarnos aunque sea para comer hoy más tarde?"

"Claro que sí", dijo Lucinda mientras se preguntaba qué deseaba lograr Laura con Gilberto. "Gilberto no está en un buen lugar de su vida ahora mismo. No estoy segura que quiera vernos."

"De verdad necesito hablar con ustedes sobre lo que he descubierto en mí misma y cómo he podido lidiar con el dolor y las heridas de mi infancia." Mientras Laura le explicaba, iba emocionándose con tan solo pensar en lo que tenía que contarles a su hermano y a su hermana.

Aunque admitió para sí misma que aún estaba aprensiva sobre cómo la recibirían cuando les dijera que ahora era cristiana y que había estado visitando una Iglesia Cristiana. Habían sido criados en una cultura que le temía a la comunidad cristiana y que se mantenían alejados de ellos como si fuera una plaga.

Lucinda podía ver que Laura estaba muy emocionada por lo que había aprendido y que de verdad esperaba que ayudara a Gilberto. Tenía miedo de que Gilberto estuviera tan deprimido y desanimado que llegara al punto de quitarse la vida. Había estado tratando de comunicarse con él pero algunas veces rehusaba hablar con ella y no devolvía las llamadas.

"Podemos tratar y llamarlo, pero no creo que responda", le dijo Lucinda tristemente a Laura. "He estado muy preocupada por el últimamente." "Quizás debamos ir a donde está viviendo para llevarle comida", sugirió Laura. "Si nos aparecemos en su casa con comida, no hay forma de que no nos deje entrar. ¿Sabes dónde está viviendo?"

Cuando Laura y Lucinda llegaron a su puerta, Gilberto tenía miedo de responder y ver a Laura. Antes de Laura irse a los Estados Unidos, le había pedido a Gilberto que vigilara su nuevo automóvil. Tuvo que irse tan rápido que no tuvo tiempo de venderlo. Un día Gilberto se embriagó y chocó el automóvil de su hermana. Creía que Laura había ido a buscar el vehículo y no lo tenía, tampoco tenía dinero para darle. Recordando la rabia intensa que había desarrollado con los años, no quería enfrentarla cuando le dijera que había destrozado su hermoso carro.

"Gilberto", Laura lo llamó por la puerta. "Por favor, hermano, abre la puerta y déjanos entrar. Hemos traído una comida para compartir y tengo muy buenas nuevas para ti también."

Gilberto notó un tono de voz diferente en Laura. ¿Era esta la misma hermana arrogante y presumida que se había a los Estados Unidos? Miró detrás de la cortina para ver mejor quién estaba en la puerta.

Lucinda lo vio por la ventana y le sonrió, "Por favor, Gilberto, déjanos entrar. Laura ha recorrido un gran camino para compartir unas noticias emocionantes con nosotros."

Gilberto advirtió que no tenía opción. Obviamente no se irían y él tenía hambre. Se preguntaba si podría resistirse a la ira de su hermana, después de todo era su vehículo. Quizás podría ofrecerle pagarle poco a poco cuando consiguiera un trabajo.

Cuando abrió la puerta, Laura lo envolvió en un fuerte abrazo. Sorprendido y sintiendo tanto amor en ese abrazo, Gilberto le respondió con otro abrazo bien fuerte. Cuando la miró a los ojos, se sorprendió aún más al ver las lágrimas que se formaban.

"Te he extrañado, hermano mío", dijo Laura emocionada. "Tengo mucho que decirte, pero primero vamos a comer y así me dices lo que te ocurre."

Gilberto las invitó a entrar, haciendo un ademán con su mano derecha, "Me excuso por la condición de mi casa. No me he sentido bien últimamente."

Lucinda miró a Laura con una expresión triste. El lugar era un desastre. Parecía el hogar de alguien que no se preocupaba por sí mismo o por su vida. Gilberto tomó una bolsa de basura y entró todo lo que había sobre la mesa en ella, incluyendo una pila de trastos sucios y sobras de comida. Lucinda agarró un paño del desayunador, lo humedeció y empezó a limpiar la mesa. Recordó la manía de Laura con los gérmenes. Se preguntaba cómo Laura podría comer en medio de toda la suciedad de la casa de su hermano. Laura parecía no darse cuenta de la suciedad y el estado de abandono de la cocina, esta centró la mirada en el rostro de su hermano.

"¿Gilberto, que te ha pasado?" le preguntó amablemente, "¿las cosas no están yendo a tu favor?"

Gilberto no podía despegar sus ojos del rostro de Laura. Esta no era la misma hermana con la que había crecido. Había una luz en sus ojos que hizo estremecer a Gilberto. Antes de darse cuenta, ya estaba abriéndole su corazón, contándole todo lo que estaba ocurriendo en su vida.

"Me siento como un total fracasado", empezó a contarle, mientras encendía un cigarro. "Nada me sale bien, no he tenido nada más que pura mala suerte toda mi vida."

Había una amargura y tristeza tan grande en su voz, que le llegá directo al corazón de Laura. Dios le había dado un corazón tan sensible, que de verdad sentía el dolor de su hermano. Él de verdad estaba herido y sentía que también tenía culpa de esto.

"En mi vida he tenido muchas mujeres, y ninguna me importó de verdad. Luego me enamoré por primera vez en mi vida, pensé que había encontrado una razón por la cual vivir, tuvimos un hijo; pero luego ella se marchó y se llevó con ella a mi hijo, negándome el derecho a verlo. El juez me puso una orden de restricción porque no tengo trabajo y dijo que soy una mala influencia para mi hijo."

Gilberto empezó a llorar mientras hablaba de su hijo. Laura podía ver que quería ser un buen padre, pero sentía que el mundo estaba en su contra y decidió quitarle injustamente lo que más valoraba en su vida. Estaba más convencida que nunca de que Dios la había enviado para ayudar a su hermano a salir de dicha situación. Sus próximas palabras le dieron el coraje de intentarlo.

"Desde que eso ocurrió, he pensado muchas veces en quitarme la vida", admitió Gilberto. "¡Ni siquiera puedo hacer eso! Me encuentro atrapado en una situación sin salida. La única forma de confort que consigo es tomar y fumar. Ahora incluso debo pedir dinero prestado para comprar estas pequeñeces que me dan un poco de tranquilidad."

Lucinda observaba sorprendida la compasión que notaba en el rostro de Laura. Una chispa de esperanza surgió en el corazón de Lucinda. Tal vez Laura podría ayudar a su hermano a recuperar su vida e incluso a su hijo. Lucinda sabía que las cosas estaban mal con Gilberto, pero no se había percatado de qué tan abatido estaba.

"No tengo trabajo, he perdido cualquier pedacito de dignidad que tenía. Tendré que volver a vivir con mis padres. Realmente soy la oveja negra de esta familia, así como todos me han etiquetado. ¡Si no hubiera nacido con ese problema del habla, si las personas no me hubiesen tratado como un retrasado! Sé que nuestro padre nunca me vio como alguien útil, siempre pensó que yo era un bueno para nada."

Laura y Lucinda veían a su hermano más pequeño, con dolor por abrir su corazón de forma tan vulnerable.

"Pensaba que tenía amigos que celebrarían conmigo, pero una vez que el dinero se fue, me dieron a entender que no valía para ellos. ¡Incluso me menospreciaron y me humillaron, ni siquiera quiero salir de la casa!", Gilberto estaba llorando, pero en su voz había mucha ira y amargura.

Laura suspiró profundamente mientras buscaba las palabras no solo para confortar a su hermano, sino también para mostrarle el camino para salir del pozo en que se había metido. Le rezaba silenciosamente al Dios amoroso que la había rescatado, le pedía por Su sabiduría para conducir a su hermano hacia Él también.

Capítulo 7

Pero Dios…

Laura había regresado a su tierra natal con el mero propósito de compartir las buenas noticias que había descubierto sobre Dios y Jesús, El hijo de Dios, con su familia. Mientras aplicaba lo que había aprendido a través de la Iglesia Cristiana a sus estudios en filosofía y psicología, así formulaba cuidadosamente una forma amorosa y compasiva de llevar sanación hacia su hermano Gilberto. Eventualmente también para su hermana y los demás del vecindario donde creció. Su corazón se deshacía mientras escuchaba por todo lo que había pasado su hermano desde que ella se había marchado a los Estados Unidos. Lo veía como un alma profundamente herida que realmente necesitaba las verdades que ella había descubierto, aquellas que cambiaron radicalmente su propia vida. Le permitió a Gilberto desahogar toda su frustración, ira y dolor antes de compartirle las buenas noticias que había traído para él. Tenía el conocimiento que necesitaba, pero sabía que necesitaría la sabiduría de Dios para transmitir su mensaje de forma que Gilberto pudiera y quisiera recibirlo. En el pasado, su forma de decirle sus verdades a las personas era tan dura que raramente fue recibida por aquellos a quienes se dirigía. Su actitud arrogante y juzgadora generalmente le impedía comunicar las cosas buenas.

Hoy no quería que eso pasara…, sentía la urgencia de su tiempo y se dio cuenta de que Dios la había enviado para un momento como este.

Gilberto estaba en un estado tan frágil que quizás no sobreviviría otro intento de suicidio. Miró profundamente los ojos de Gilberto mientras alzaba una oración a Dios, pidiendo sabiduría y por las palabras correctas para hablarle a su corazón herido.

Con una voz calmada y llena de compasión, la cual sorprendió a Gilberto y a Lucinda, Laura comenzó lo que profesaba que sería un momento que cambiaría sus vidas a través de lo que les compartiría. "Todos nosotros hemos tenido desafíos en nuestra vida. Algunos hemos tenido problemas o desafíos con nuestra salud, otros con relaciones profesionales, y muchos con problemas económicos. Estos desafíos vienen acompañados por el miedo y, a menudo, de resentimiento por tener que aguantar tales infortunios. Yo misma he albergado resentimiento contra aquellos que me ridiculizaron por lo que consideraban un defecto en mi apariencia física, algo sobre lo que no tenía control. Permití que esos sentimientos se me acumularan en un lugar profundo y eventualmente se manifestaron como una ira descontrolada. Les pido a los dos que me perdonen ahora, por las muchas veces que desencadené mi ira en ustedes por algo que estaba ocurriendo dentro de mí."

Estupefactos por la confesión de Laura y su requerimiento por perdón, Lucinda y Gilberto se miraron el uno al otro, y luego a Laura, y dijeron casi simultáneamente: "Te perdono". Con genuinas lágrimas en sus ojos, Laura susurró emocionada: "¡Gracias, sé que no merezco el perdón, pero agradezco que me lo hayan extendido!"

Tomando un largo suspiro para poder controlar sus emociones, Laura continuó explicándoles lo que le había pasado, verían la conexión con sus propias vidas. "Muchos de mis patrones de conducta empezaron a desarrollarse durante mi infancia. Recuerdo lo feliz que era en el campo y llegué a resentir el hecho de que me sacaran esa vida que parecía tan perfecta para mí; pero también pude ver que gran parte de mi felicidad provenía de que nadie corregía mi conducta inapropiada, por el respeto que sentían por la posición de mis padres en la comunidad. Estaba en un lugar donde era la número uno, sin siquiera habérmelo ganado. Cuando eso acabó, empecé a tomar el patrón de conducta de culpar a los demás por mis circunstancias y rehusaba tomar la responsabilidad de hacer los cambios necesarios en mí misma."

Mientras Gilberto y Lucinda escuchaban detenidamente a Laura con la evaluación de sus primeros años de infancia, difícilmente podían creer lo que sus oídos escuchaban. Mucho de lo que Laura decía eran los pensamientos de Lucinda, mientras se sentaba en la escuela y en la mesa escuchando como Laura era alabada; además, se preguntaba qué había hecho para merecer tanto reconocimiento. Gilberto siempre había estado locamente celoso de Laura, sintiendo que nunca podría vivir al nivel de su hermana, con todos sus logros, especialmente ante los ojos de su padre.

"A pesar de que al principio me sentía segura por mi habilidad para complacer a nuestros padres, me di cuenta de que nuestra madre ya había escogido a Mariela como su favorita para casarla y lograr éxito social. Luego cuando los niños de nuestra nueva escuela se enfocaron en mi defecto físico, prometí probar mi valor de otras maneras, mientras los culpaba a ellos por mis arrebatos de ira y mi comportamiento inapropiado. Ya me disculpé con Lucinda por engañosamente haber utilizado sus papeles para adelantarme académicamente. Tenías razón en llamarme la atención por eso, Gilberto. Conseguí alcanzar el éxito a través de medios engañosos. De verdad me arrepiento de esas acciones." Preguntándose qué más Laura podría decir que los sorprendiera aún más, Gilberto y Lucinda estaban impactados hasta la coronilla con el próximo anuncio de Laura.

"No podemos culpar a otros sino a nosotros mismos por la condición de nuestras vidas. Todos tenemos patrones de conducta que empezaron en nuestra familia, pero culpar a nuestros familiares o a la sociedad nos puede dejar estancados e incapaces de prosperar. Si vivimos con mentalidad de víctimas, los mismos problemas se nos repetirán en nuestras vidas una y otra vez. La única manera de realmente salir adelante es perdonar y olvidar lo que nos hicieron en el pasado y mirar cada nuevo día como un regalo de la vida y una nueva oportunidad. Cada uno de nosotros tenemos la responsabilidad de cambiar nuestra forma de pensar, de cómo sentirnos y cómo actuar. La verdad del asunto es que no podemos amar a nadie más hasta que aprendamos a amarnos a nosotros mismos. Sé que suena egoísta, pero si no podemos aceptarnos y darnos nuestro valor estando de la forma en que Dios nos creó, entonces no podremos aceptar y amar a los demás en la forma en que son. Ninguno de nosotros es perfecto ni lo será. Debemos darnos cuenta de que a pesar de que no somos perfectos, todavía podemos alcanzar nuestro propósito aquí en la tierra. Somos nosotros mismos quienes nos ponemos condiciones y esperanzas irrealistas. Por consecuencia, somos nosotros quienes podemos ajustar esa mentalidad."

Gilberto y Lucinda miraron a Laura como si estuviera diciendo un acertijo. Lo que no podían negar era que había un maravilloso y positivo cambio en ella. Si lo que estaba tratando de explicarles había creado semejante cambio en ella, escucharían todo lo que tenía para decir.

"¿Por qué maltratamos nuestro cuerpo? Es porque no nos valoramos de la forma que somos. Hasta que vemos el valor intrínseco dentro de nosotros y lo que nos hace únicos, tenemos problemas para aceptar lo que sea que nos hace diferentes a los demás. Cada uno de nosotros tiene un rol que jugar en el viaje de la vida. Como jugamos nuestro papel y llenamos nuestra posición, no solo afecta nuestra propia vida, sino también la vida de aquellos a nuestro alrededor. Mi dolor me hizo herir a muchas personas, especialmente aquellas cercanas a mí. Las cosas que dije que hirieron a ambos porque solo estaba pensando en lo injusta que la vida era conmigo. En ese momento no tenía idea de que las cosas que hacía y las decisiones que tomaba afectaban a cada uno de ustedes por igual. Nuevamente, humildemente les pido perdón. Mi intención nunca fue herir a ninguno de ustedes, a pesar de que sé que lo hice." Si el plan de Laura era dejar en shock y asombrar a su hermano y a su hermana, entonces lo había logrado. Estaban tan más allá de poder relacionar los cambios en la que una vez fue la hermana egocéntrica y egoísta, que lo único que podían hacer era mover su cabeza haciendo ademanes de que la perdonaban.

"Cada uno debemos elegir cambiarnos a nosotros mismos, empezando con nuestros pensamientos y nuestra mentalidad. Suena imposible, pero soy la prueba viviente de que sí se puede."

Gilberto estaba sentado al borde de su asiento, totalmente concentrado en lo que Laura estaba diciendo. Estaba empezando a experimentar cierta esperanza en lo más profundo de su corazón. De repente, Lucinda se dio cuenta de que había estado sentada con la boca abierta y sus manos agarrando el borde de la silla. Ambos se habían dado cuenta de que lo que estaba diciendo Laura era que la vida es maravillosa y la alegría podía ser experimentada sin importar lo que estuviese pasando alrededor de ellos.

De repente, Laura se dio cuenta de que estaba exhausta. Creía que había compartido lo que Dios le había mandado a compartir ese día. Sugirió que todos se fueran a la cama y al día siguiente continuar su historia. Todos estuvieron de acuerdo. Laura estaba complacida de que su hermano y su hermana le dieran abrazos genuinos mientras se iban. Durmió profundamente y en paz, mientras que su hermano y su hermana revivían todo lo que Laura les había dicho, tratando desesperadamente de creer que su hermana había descubierto el secreto de la felicidad. ¿Qué le habría pasado en los Estados Unidos que le ocasionó semejante cambio, tan maravilloso y positivo? No podían esperar hasta el próximo día para encontrarse con Laura.

Esta vez no hubo que tocar la puerta. Gilberto estaba esperando ansioso en la entrada a sus hermanas. Había limpiado su casa e incluso tenía vasos de agua limpios, además de que tenía fruta fresca directamente de un árbol, la cual le había pedido a un vecino. Laura estaba complacida porque había visto una chispa de vida en los ojos de su hermano y de anticipación en el rostro de Lucinda. Una vez había buscado la sabiduría de arriba, sabiendo que hoy sería un día esencial en las vidas de su hermano y su hermana. "Laura, ¿Cuál es el secreto que has descubierto que te tiene tan feliz?", preguntó Gilberto, mientras se sentaba en frente de Laura y la miraba directamente a la cara. "Quiero saberlo todo. ¡Quiero sentirme del mismo modo en la vida, al igual que tú!"

Lucinda sujetó la mano de Laura y añadió emocionada: "¡Sí, por favor! ¡Yo también!" Laura estaba emocionada, pero quería asegurarse de estar en el tiempo de Dios para compartir Su maravilloso secreto con sus amados hermanos. "Todos queremos que las cosas cambien, pero ¿por qué debemos esperar que el mundo cambie? ¿De verdad creemos que si esperamos lo suficiente, cambiará por sí solo?"

Gilberto y Lucinda inmediatamente vieron sabiduría en esta línea de pensamiento.

"Estamos de acuerdo en que el mundo no cambiará por sí solo. La verdad es que somos nosotros quienes debemos cambiar. Yo no puedo cambiarlo, tú no puedes cambiarlo. Lo que sí podemos es cambiarnos a nosotros mismos."

Nuevamente, Laura podía ver que su hermano y su hermana estaban viendo la verdad a la cual les estaba guiando.

"Si somos honestos con nosotros mismos, todo lo que ocurra en nuestro día será producto de nuestra propia mentalidad. Quizás no podamos controlar lo que las personas nos dicen, pero sí podemos controlar la forma en que reaccionamos a lo que dicen. Podemos pelear o podemos descubrir lo que se necesita para transformar esa situación de negativa a positiva. Por ejemplo, no me gustaba cuando las personas me decían que hablaba demasiado. Pensaba que conseguiría mayor conocimiento si hacía muchas preguntas. Podía discutir con la profesora que me dijo que hablaba mucho o podía escribir mi pregunta y respetuosamente acercarme a ella después de clases y pedirle más información sobre lo que hablaba. ¿De cuál manera hubiese hecho que mi maestra me respetara y le agradara más? Desafortunadamente, cuando estaba en la escuela elegí la forma incorrecta de responder y por eso me encaminé a una serie de eventos que me guiaron a tomar pobres decisiones. ¿Fue culpa de la maestra el hecho de que desafié a otros profesores para obtener lo que quería?"

Lucinda recordó el día que en clase la profesora le dijo a Laura que hablaba demasiado y tenía la boca como la de un pez gigante. Es cierto que Laura nunca fue la misma en clase después de eso. En lugar de estar ansiosa por participar, se retrajo y se volvió una persona muy taciturna. En ese momento Lucinda pensaba que era algo bueno porque había estado celosa de la popularidad de Laura en la escuela del campo. Ahora veía que ese incidente moldearía las futuras decisiones de Laura. Se sintió mal por no haberse portado mejor ante aquel incidente. Se creó una nota mental de pedirle perdón a Laura por no haberse sentido mal por ella y por no ayudarla, luego de que la profesora la humillara públicamente.

Gilberto también reflexionaba sobre cómo había respondido cuando su familia se había burlado de él cuando no podía hablar. A pesar de que no entendía lo que le decían, siempre sentía que se estaban burlando y que lo consideraban estúpido. Esas memorias de aquella etapa de su vida le habían causado sentirse inferior y celoso de ellos, especialmente de

Laura quien definitivamente tenía el don de la palabra. Sonreía mientras pensaba qué tanto le gustaba hablar.

"Algunas de nuestras memorias son buenas y nos ayudan a sentirnos bien con nosotros mismos, pero algunas nos llenan de tristeza y de dolor. Sin importar que sean buenas o malas, no podemos habitar en ellas. Debemos mirar desde donde estamos ahora y determinar qué debemos cambiar de nosotros para que el pasado no pueda dejarnos cautivos en él. Incluso los buenos recuerdos pueden dejarnos cautivos. Luego de que nos mudáramos a la ciudad, continuaba viviendo en las maravillosas memorias de la vida que amaba en el campo. A menudo, deseaba volver a esos días despreocupados y felices; eso me causó ser infeliz respecto a mi situación en tiempo presente. Por ejemplo, en lugar de hacer nuevos amigos en el vecindario mientras esperaba que la escuela comenzara, me sentaba a observar el mundo pasarme por delante desde la ventana de mi habitación, mientras soñaba despierta sobre la maravillosa vida que tenía en el campo. Me pregunto qué tan diferente hubiera sido mi vida si tan solo me hubiera relacionado con otros de los niños del vecindario antes de empezar la escuela, en lugar de permitir que los recuerdos me mantuvieran cautiva en el pasado."

En lugar de criticar y acusar a sus hermanos de permitirse ser cautivos y rehusar el cambio, los encaminó de la misma forma que ella había encontrado para lidiar con su propio pasado.

Gilberto cerró sus ojos, mientras se remontaba a algunas de las decisiones de su vida. De hecho vio cómo permitió que su pasado le impidiera avanzar hacia un feliz y productivo futuro. A pesar de que Lucinda había culpado a su madre por catalogarla "Cerda negra", se había dado cuenta en ese momento de que pudo haber decidido tomar sus propias decisiones sobre qué cambiar para no permitir que esas palabras dolorosas la mantuvieran cautiva por una gran parte de su vida y no haber permitido que casi le arruinaran la relación con su madre.

"¿Qué debemos hacer"?, preguntó Lucinda.

"¿Cómo podemos empezar a hacer esto?", preguntó Gilberto. "Yo quiero, pero temo que he tocado fondo. "¿De verdad hay esperanza de que pueda cambiar?"

"¡Sí!", dijo Laura emocionada. "El mejor lugar para comenzar es conociendo más sobre Dios, creador de nosotros. He aprendido mucho yendo a la Iglesia Cristiana. ¿Saben si hay alguna cerca?"

Lucinda se quedó sin aire como si se estuviera ahogando. ¿Cómo Laura podría sugerir semejante cosa? "¡Oh, no!", gritó Gilberto. "La gente cristiana está poseída por el demonio"

"Por favor, Gilberto, no juzgues a las personas que no conoces", declaró Laura.

"Solía pensar así mismo. No seas manipulado por la creencia de algo que no has visto por ti mismo. Sé que nos criaron diciéndonos que los cristianos eran extraños, pero descubrí que son personas maravillosas. Ellos son quienes me ayudaron a descubrir todos estos secretos que he compartido con ustedes. Por favor, prométeme que lo pensarás."

Laura tuvo la sabiduría de dejar la situación en las manos de Dios. Acababa de compartir lo que Dios había hecho en su vida hasta ese punto. Sabía que hasta que no aceptaran la verdad de Dios como su creador y lo mucho que Él los ama, no podrían seguir adelante en el plan de cambiar la mentalidad que los había tenido estancados por tanto tiempo. Se volvió devota de orar por su hermano y su hermana y esperó a que Dios tocara sus corazones, así como lo hizo con ella.

Unos días después, Laura recibió una llamada de Lucinda. Ella y Gilberto estaban listos y querían ir a la mismísima Iglesia Cristiana a la que Gilberto solía arrojar piedras cuando era niño. Laura se encontró con ellos afuera, en el frente de la Iglesia. Difícilmente podía contener la emoción. Sabía que esa misma noche, Dios tocaría sus corazones.

Gilberto y Lucinda se sintieron muy incómodos al sentarse al fondo de la Iglesia. Estas eran diferentes a todas las personas con las que se habían relacionado en el vecindario durante toda su vida. Mientras miraban a su alrededor, podían ver que estas personas no eran de una clase social alta. No había bolsos vistosos ni atuendos elegantes. Gilberto y Lucinda no sabían que deducir. Laura sabía que era porque esta Iglesia estaba llena de gente humilde que de verdad querían servir a Dios a través del servicio a lo demás. La atmósfera estaba llena de paz, amor y un verdadero espíritu de regocijo. Sus hermanos nunca habían estado en una atmósfera tan agradable. Mientras el pastor se acercaba al podio en frente de la Iglesia, miró a su congregación. Cuando sus ojos vieron a Gilberto y a Lucinda, su rostro se llenó de semejante alegría que perpetró en la incomodidad de ellos y empezaron a sentirse más a gusto, incluso antes de que este señor hablara una sola palabra. Empezó a hablar sobre Jesús y como Él eligió a los hombres que serían Sus discípulos. Mientras hablaba sobre el tipo de hombres con los que Jesús decidió trabajar, Gilberto se daba cuenta de que no eran ricos ni personas influyentes. Jesús eligió a los más humildes y las personas más simples para trabajar con Él y para continuar con Su legado en el mundo entero. Esto capturó inmediatamente el interés de Gilberto.

Lucinda escuchaba detenidamente mientras el pastor hablaba sobre las personas de todos los ámbitos de la vida y de todos los colores que habían sido llamados para acompañar a Jesús y ayudarlo a completar Su misión en la tierra. Nunca había escuchado a nadie hablar sobre Dios y Jesús de esta forma. Al principio se preguntaba qué pensarían las personas si la veían ir a esta Iglesia. Ahora ya no le importaba, Solo quería saber más sobre la forma en que Dios hacia las cosas y por qué estas verdades hicieron semejante diferencia en la vida de su hermana Laura. Gilberto y Lucinda escucharon el mensaje de amor de Dios y cuando el pastor preguntó si alguien quería acepar a Jesús como su Señor y Salvador personal, ambos levantaron las manos. Ya no les importaba lo que los demás pensaran de ellos. Solo querían el regocijo, la paz y el amor que Laura había encontrado y descubrir todo lo que tenía que ver con Dios y su hijo Jesús. Toda la Iglesia se regocijó mientras oraban con Gilberto y Lucinda. A cada uno se les dio una Biblia, igual como ocurrió con Laura, ella se sentó con sus hermanos mientras empezaban a estudiar y a conocer a Dios a un nivel aún más profundo.

Gilberto se convirtió en un poderoso evangelista en el vecindario. Iba a las calles y leía la Palabra de Dios a todo aquel que pasaba. Dejó de fumar y beber. Era un hombre totalmente diferente. Pudo conseguir un buen trabajo y no dejaba que los comentarios negativos o las opiniones de los demás le impidieran trabajar duro y testificar el amor de su Señor y Salvador.

Capítulo 8

La producción

Los tres hermanos permanecieron muchas horas juntos, estudiando y leyendo la Biblia. Se acercaron como nunca antes habían estado. Una noche mientras estudiaban juntos, Laura dijo que había pensado sobre algo que quería compartir con ellos.

Laura había trabajado como una dramaturga en los Estados Unidos. "Tengo una gran idea sobre una forma de llevar el mensaje del amor de Dios a más personas."

"¿Qué es?", preguntó Gilberto, siempre emocionado con las oportunidades de esparcir el mensaje del evangelio.

"El teatro es una forma muy efectiva para transmitir un mensaje. Necesitaríamos trabajar duro y la aprobación del pastor, pero el fruto que cosecharíamos haría todo valer la pena, ¿Qué piensan?"

Lucinda aún no podía acostumbrarse a la forma en que su hermana buscaba sus opiniones y disfrutaba discutir, incluso sus ideas de cómo enseñar con ellos. "¿Qué necesitamos hacer para presentar la idea al pastor?", preguntó Lucinda. "¿Qué podemos hacer para ayudar?"

"Vamos a hacer un borrador sobre lo que queremos en la obra y vamos a ver qué piensa el pastor", sugirió Laura. "Ayúdenme a redactar un guion." La sinergia que empezó a fluir entre los tres hermanos era espectacular de ver. Por los diferentes dones y talentos, la historia se convirtió en un maravilloso testimonio del amor de Dios por todos los seres humanos, sin importar su posición en la vida. Como sus perspectivas sobre la vida eran tan diferentes, fueron capaces de incorporar una gran variedad de verdades dentro de la esencia de cada personaje principal.

Cuando terminaron el guion, le presentaron la idea al pastor. Se regocijó con la creatividad y bendijo el trabajo que Dios estaba haciendo dentro y a través de ellos. Ansiosamente aprobó el proyecto y ofreció el edificio de la Iglesia para los ensayos y para construir los accesorios que necesitaran.

"¿Podríamos tener audiciones aquí también?", preguntó Laura.

"Claro que sí", dijo el pastor, mientras se reía al notar el entusiasmo. "Déjenme saber si hay algo más en lo que pueda ayudarlos. Una vez que empiecen y tengan una posible fecha para la producción, déjenme saber para empezar a correr la voz. ¿Podría sugerir una presentación al aire libre? Quizás más gente vendría a ver la obra si no les hacemos pensar que tienen que entrar a nuestra Iglesia para disfrutar una producción gratis."

Los tres se miraron entre sí y sonrieron recordando la ansiedad que les daba el simple hecho de entrar a una Iglesia Cristiana. Estuvieron de acuerdo de todo corazón con la sugerencia del pastor. Al día siguiente comenzaron las audiciones y los personajes estaban desarrollados más profundamente. Era un proyecto maravilloso que se volvió cada vez más fuerte y poderoso, mientras desarrollaban la historia basada en las vidas de los personajes principales. Mientras empezaban a trabajar en las últimas preparaciones para ya por fin empezar con los ensayos, sentían que aún les faltaba un actor para uno de los personajes principales. No habían encontrado a la persona correcta para este rol tan importante.

Laura, Lucinda y Gilberto oraron diligentemente para que Dios les enviara o les pusiera en el camino a la persona indicada para este personaje. Un día, Gilberto, Lucinda y Laura estaban de camino a un culto en la mañana de un domingo, cuando de repente alguien les gritó con voz burlona.

"¡Hey, Gilberto, el borracho! ¿Tú crees que Dios me ama? ¿Crees que tu Dios cristiano ame incluso a alguien como yo? Tú solo eres un humilde vendedor, ¿qué sabes tú de amor y de la vida?"

Gilberto se volteó hacia donde provenía la voz, no por ira, sino buscando una oportunidad para compartir el amor de Dios con alguien que obviamente necesitaba saber que era de verdad.

"Tienes razón, amigo mío, soy un vendedor. Vendo las Buenas Nuevas del regalo de Salvación de Dios para toda la humanidad. Acércate, amigo mío y hablaremos sobre las Buenas Nuevas que te tengo", dijo Gilberto de forma compasiva.

De las sombras salió Héctor, el bravucón del vecindario. Mientras se les acercaba notó que ninguno de ellos lo miraba con disgusto o asco. Tampoco se veían enfadados con sus burlas. Estaba curioso por saber quién era la mujer que estaba con Gilberto, así que Héctor decidió continuar con la conversación.

"Bueno, Gilberto, veo que tienes una hermosa novia nueva. No debe de ser de por aquí o si no sabría que eres un borracho que va a esa Iglesia Cristiana."

"Héctor," dijo Laura con una sonrisa, "¿no me reconoces? Soy la niña fea del vecindario. Soy Laura, la niña de la nariz grande."

"No, eres preciosa. No puedes ser la misma niña que corría de mí por miedo", dijo Héctor, mientras le recordaba el horrible trato que ella le daba. No, soy la misma niña y me disculpo por la forma en que te trataba", dijo Laura sinceramente. "No podía ver la belleza dentro de mí, motivo por el cual no podía ver la fortaleza dentro de ti."

Héctor la miró totalmente incrédulo.

"Muchas personas se burlaban de mí, tanto que empecé a creer todo lo que decían de mi", explicó Laura. "Cuando creí todo lo que decían, eso les hizo creer que todo era verdad. Pero ahora he descubierto que soy hermosa ante los ojos de Dios, quien me creó para ser Su niña especial. Cuando empecé a sentirme hermosa internamente, comencé a verme hermosa en el exterior. Cambié la forma en que me veía y pensaba sobre mí misma y cambié como los demás me veían, por igual."

"Estas inventando eso", dijo Héctor, aún sin convencerse de que esto no era algún truco de Gilberto. "Pruébalo".

Laura pensó por un minuto y le pidió a Dios mostrarle la forma de probarle a Héctor que la belleza comienza en el interior.

"Una vez utilicé un hermoso vestido color rosa para la misa del domingo de Pascuas", dijo Laura. "Camino a casa tuve una pelea con Gilberto y no caminé junto a mi familia para regresar, andaba con mala cara y sintiendo lástima de mí misma, cuando de repente saltaste de atrás de una cerca y me dijiste que me veía fea con el color rosa. Me dijiste que solo las rubias bonitas podían usar este color. Estaba tan enojada que corrí a casa llorando y quemé mi hermoso vestido rosado y rehusé utilizar ese color." "¡Ay Dios!", exclamó Lucinda, "¿por eso fue que quemaste ese hermoso vestido? Nunca pude descifrar el motivo." "Lo sé", rió Gilberto. "¡Nuestra madre definitivamente se enojó cuando descubrió que lo habías pegado fuego! "Nadie nos vio y nadie sabía sobre esto, excepto tú y yo", Laura le dijo a Héctor. "¿Ahora me crees?"

"Eso es verdad", admitió Héctor. "Te espere para poder burlarme, todo para vengarme de cuando huiste de mi casa aquel día que fuiste a ver televisión, sin siquiera haber hablado conmigo."

"Fui muy cruel contigo, Héctor", dijo Laura entristecida. "Nunca debí tratarte de esta forma. Dios me ha mostrado que todos tenemos una fortaleza y belleza en lo más profundo de nosotros, si tan solo la aceptamos y la liberamos."

"Laura tiene razón", añadió Gilberto. "Tienes una gran fortaleza dentro de ti. Has sobrevivido a una enfermedad que no muchos han logrado. Luego tú y tu familia sobrevivieron cuando tu padre fue acusado injustamente por el político poderoso que trató de tomar nuestro país."

"Sabemos que trabajaste en las calles para ayudar a tu familia durante aquel horrible periodo", añadió Lucinda, mientras recordaba lo que su padre había dicho sobre la forma tan horrible en que la familia de Héctor había sido tratada.

Héctor no podía creer que estas tres personas eran los mismos niños que solían vivir en la misma cuadra que él. Tampoco podía creer que le hablaran ahora, obviamente sabiendo lo que le había pasado a su padre. La mayoría de las personas no querían relacionarse con él, a pesar de que su padre nunca fue acusado de ningún delito.

"Héctor", preguntó Laura gentilmente, "¿tú crees en Dios?"

"¿Creer en Dios?", preguntó Héctor con una risa cínica. "Oh, he buscado a Dios pero Él se ha escondido de mí. Él sabe que no puede contestar mis preguntas. Él sabe que me ha ofendido en muchos niveles. Me condenó a sufrir una rara enfermedad que los doctores no pueden curar. Luego envió a mi familia a la pobreza y golpeó a mi amada madre con una enfermedad letal. Dios es el culpable por mi vida miserable y en diferentes ocasiones le he preguntado por qué me dejó nacer. No tiene con qué justificar por qué me hizo de esta forma. Somos como animales tontos y solo los fuertes pueden sobrevivir. Si no hubiera aprendido a defenderme solo, hubiese muerto hace mucho."

"También le he formulado a Dios algunas preguntas fuertes", dijo Gilberto. "Le pregunté por qué no pude hablar hasta que cumplí los diez años. Le pregunté por qué las personas discriminaban a otras y las trataban injusta y dolorosamente. Incluso le pregunto si había cometido un error cuando me creó."

"No pareces un error", dijo Héctor mirando directamente el rostro de Gilberto.

Como Gilberto no se alejaba ni tomaba una posición amenazadora, Héctor decidió que era seguro continuar. "Yo soy el error, quizás Dios solo comete un error por vecindario. Lo que veo sobre Dios cuando comete un error es que al parecer no tiene poder para arreglarlo. ¿Por qué dejaría a alguien como yo aquí en la tierra? ¿Por qué soportaría la forma en que he tratado a tantas personas para vengarme por la forma en que me han tratado?"

"Estoy tan contento de que hayas hecho esas preguntas, Héctor", sonrió Gilberto. Era justo lo que necesitaba para explicarle a Héctor el amor de Dios por el encantador y el desgarbado. "Solía preguntarme sobre muchas de esas cosas, pero lo que descubrí sobre Dios es que no hace excepción de personas. No le importa si somos ricos o pobres. No le importa si somos blancos o negros. No le importa si somos considerados hermosos o feos por los demás. Dios ha creado a cada uno de Sus hijos diferente, con un propósito. No ve a ninguna de Sus creaciones feas. Para Él todos somos hermosos a Su vista."

Héctor sacudió su cabeza incrédulo. Ahora sí estaba convencido de que Gilberto se había vuelto loco yendo a esa Iglesia Cristiana. Se rió para sí mismo cuando recordó que Gilberto y otros niños solían arrojar piedras a las puertas y ventanas de la Iglesia, incluso los domingos cuando había personas dentro.

"Déjame enseñarte", ofreció Gilberto mientras abría su Biblia al principio del libro. "Dice que Dios creó todo y que cuando vio todo lo que había creado, dijo que todo estaba bien, ¡muy bien! Me has dicho que crees en que Dios te creó. Cuando lees más adelante, dice que Dios creó al hombre a su imagen y semejanza. ¿Sabes lo que eso significa, Héctor? Eso significa que fuiste creado por Dios y te creó para ser como Él."

"¿Qué? ¿Estás loco?", dijo Héctor. "Vi las estatuas en la Iglesia cuando mi madre me llevó para encender unas velas. ¡Ninguna de ellas se parecía en nada a mí!"

"Pero, Héctor", preguntó Gilberto, "¿Cómo lucían esas personas en el interior?"

"No sé", dijo Héctor, preguntándose qué rayos pasaba con estas personas. "¡No puedo ver dentro de nadie, nadie puede!"

"¡Exacto!", dijo Gilberto dijo emocionado, ya que veía que Héctor empezaba a entender. "Solo tú y tu creador, Dios, saben cómo luces realmente en el interior. Dios puede ver quién eres realmente. Te quería en este planeta porque Él sabe lo que eres y de qué eres capaz." "¿Yo?", preguntó Héctor. "¿Qué puedo lograr? Las personas me miran y se asustan por lo repulsivo que soy. ¿Cómo puedo lograr algo en la vida? Estoy roto y ni siquiera yo mismo me puedo reparar."

"Oh, pero tú puedes, Héctor, puedes ser exactamente lo que Dios te propuso", dijo Gilberto con convicción. "El te creó para ser fuerte e intrépido. ¿De verdad te quieres quedar de la forma que eres? ¿Te quieres quedar enfadado y sintiendo dolor o quieres empezar a hacer algo con tu vida? ¿Quieres mostrarle al mundo quién realmente eres en el interior, o solo quieres que vean al hombre amargado y enojado en el que te has convertido en el exterior?"

Héctor de verdad tuvo que detenerse y pensarlo por un minuto. Estaba tan acostumbrado a estar amargado y enojado que se preguntaba si realmente podría sentirse de alguna otra forma.

"¿Cómo eso puede ser posible?", preguntó Héctor, mientras sentía la primera chispa de esperanza.

"Dile a Dios que lo amas y agradécele por hacerte a Su imagen desde adentro hacia afuera", explicó Gilberto pacientemente.

"¿Agradecerle a Dios? ¿Es en serio?" Dijo Héctor pensando que todo esto era una farsa y que estas personas habían estado jugándole una cruel broma. "¿Amarlo? ¿Cómo puedo amar a un Dios que me ha condenado a vivir un infierno, incluso estando vivo? ¿Qué clase de Dios haría eso? ¿Cómo puedes esperar que ame a un Dios cruel e injusto? ¿Sabes cuántas personas se sienten como yo? Ellos no hablan porque tienen miedo de ser castigados por Dios. Ellos no aman a Dios, solo tienen miedo de Él. Bueno, ya estoy viviendo un infierno, así que ¿a qué debo temer? ¿Quieres que ame a Dios y agradecerle por esto? No me hagas reír."

"Mira, Héctor", dijo Gilberto con compasión, "Dios es nuestro creador y Él es como un alfarero. El alfarero que trabaja en la tienda de la villa hace diferentes vasijas, ¿verdad? Las hace diferentes porque son para diferentes propósitos. Algunas son bonitas en el exterior pero solo están destinadas a ser decoración, mientras que hay otras que no son tan bonitas, pero son muy fuertes y útiles. No se romperán fácilmente y pueden ser usadas para cosas que otras vasijas no permiten. Somos como esas vasijas. Dios nos hizo a cada uno de nosotros con un propósito diferente. Cada uno de nosotros tenemos una misión dada por Dios."

"¿Qué misión podría haberme dado Dios?", preguntó Héctor, riéndose ante semejante pensamiento. "Muchas personas piensan que no soy humano. Piensan que soy un monstruo o algún tipo de extraterrestre. Incluso yo me he preguntado si soy algo de eso. Muchas veces he deseado no haber nacido."

"Yo también me he sentido de esa forma", dijo honestamente Gilberto. "Estuve en una profunda depresión e incluso traté de quitarme la vida varias veces. No podía ver propósito en mi vida y pensaba que nadie podría amarme y odiaba la vida que estaba viviendo. Estaba viviendo como un esclavo, solo tomando y fumando, tratando de deshacerme del dolor y el sufrimiento. Pero ahora soy un hombre libre. ¿No ves que diferente soy ahora, Héctor?"

"Sé que eras un borracho, Gilberto. Te veía ebrio e incluso dormías en las cunetas", admitió Héctor. "Es verdad que no te he visto así en mucho tiempo. Te ves limpio y diferente…"

"Mi hermana Laura se me acercó un día y me dijo que no tenía que vivir de esa forma, así como te estoy diciendo ahora", dijo Gilberto emocionado. "Vi cuánto había cambiando y vi una felicidad y alegría en ella que yo también quería en mi vida. Sé que entiendes a primera instancia cómo el dictador trató de hacernos esclavos, pero mira cómo nuestra gente finalmente se cansó de vivir en esclavitud y se liberó de ese cautiverio. ¿No quieres liberarte de la esclavitud en la cual has estado viviendo, Héctor?" Héctor no pudo contenerse y empezó a llorar, mientras pensaba en la forma en que había estado viviendo su vida. Todo lo que Gilberto le había dicho era verdad. Gilberto, Laura y Lucinda se veían y actuaban muy diferente. Se habían parado ahí y le habían hablado sobre Dios, Su amor y la libertad en lugar de criticarlo y decirle lo malo y cruel que era, como hubieran hecho en otros tiempos. Laura había cambiado tanto que casi no la reconocía. Cuando él la miró, ella le sonrió y en ese instante pudo ver la alegría que tenía y eso le hizo creer que podía cambiar.

"Sí", dijo Héctor, mientras se ahogaba en lágrimas. "Quiero dejar de vivir así, ¿pero de verdad podría experimentar la alegría y felicidad que veo en sus rostros? He sido de esta forma por muchos años, ¿cómo alguien, en especial Dios, podría perdonarme? Lo he odiado y culpado por todo lo que me ha pasado. He maldecido el día en que nací. Incluso si Dios me hubiera amado antes, no habría forma de que me ame ahora. ¡De todas las personas en el mundo, soy el más imposible de amar!"

"Es verdad que todos somos imposibles de amar", admitió Gilberto, "pero aún así, Dios nos ama de todas formas. De hecho, Dios nos ama tanto que envío a Su Hijo Jesús a morir en la cruz por nuestros pecados, para ser perdonados y no solo para ir al cielo cuando muramos sino para vivir en paz, en regocijo y con propósito, mientras estemos aquí en la tierra. Jesús murió para romper esas cadenas de atadura sobre nosotros y nos ha dado el poder de elegir por nuestra propia cuenta, no vivir bajo ningún tipo de esclavitud." "Recuerdo cuando fui a la Iglesia con mi madre. Vi la cruz con Jesús colgando en ella", dijo Héctor entristecido. "Pero se veía tan triste, estaba muerto. Mi madre dijo que Él había muerto por nuestros pecados, pero luego un hombre en la Iglesia fue cruel con nosotros, así que siempre creí que Jesús nunca me había incluido. Todo lo que había pasado en mi vida parecía probar la veracidad de esto."

"Todos sabemos lo cruel que la gente puede ser con aquellos que lucimos y actuamos diferentes, pero Jesús murió por todos nosotros", le aseguro Gilberto a Héctor mientras pasaba las páginas de la Biblia que sostenía frente a él. "Mira lo que dice la Biblia, 'Porque tanto amó Dios al mundo, que dio a su Hijo unigénito, para que todo el que cree en él no se pierda, sino que tenga vida eterna. Dios no envió a su Hijo al mundo para condenar al mundo, sino para salvarlo por medio de él.'"6

Héctor ya no podía contener las lágrimas, "¿De verdad me ama? ¿Jesús murió por mí también? ¿Puede una persona horrible como yo también ser salvada?"

"Dios nos ama a todos de la manera que somos. Dios es amor. Jesús fue el verdadero ejemplo del amor de Dios. El primer paso para romper la atadura que nos ha mantenido alejados de la verdadera alegría y felicidad, es creer en ese amor y aceptar el regalo de salvación que Él nos ha dado. ¿Orarías con nosotros ahora, Héctor, y aceptarías este maravilloso regalo de Dios?", preguntó gentilmente Gilberto.

"Sí", dijo Héctor, mientras Gilberto lo tomaba de las manos.

Juan 3:16-17 NVRJ

CONCLUSIÓN

Gilberto, Lucinda y Laura continuaron como mentores de Héctor, mientras este crecía en el conocimiento sobre Dios, aquel sobre el cual descubrió que siempre lo había amado muchísimo. Todos tuvieron la bendición de ver cómo cada día Héctor cambiaba, luchando con el dolor y las heridas de todas las cosas de su infancia. Se enalteció y caminó con nueva confianza. En su rostro ahora había una sonrisa amigable, en lugar de aquella expresión confrontadora que decía: "Te reto a que me hables", con la cual miraba a todo aquel a su paso. A pesar de que las cicatrices exteriores aún seguían ahí, parecían ser contraste del nuevo brillo de alegría que irradiaba de él. Ni él mismo podía creer la transformación que estaba experimentando con tan solo haber cambiado el pensamiento que tenía sobre sí mismo, y el maravilloso Dios de amor que le dio vida y un propósito. El antiguo bravucón del vecindario se convirtió en un espectacular servidor de aquellos a los que solía victimizar.

Una mañana, Gilberto, Lucinda y Laura se aparecieron en la puerta de Héctor con el guion de lo que sería la obra en sus manos. Laura le había explicado a su hermano y a su hermana cómo ella había usado el teatro para ayudar a algunos de sus clientes en los Estados Unidos a superar algunos de sus traumas emocionales, el resultado había sido positivo. De hecho, Laura ya había aplicado para obtener su licencia y así ofrecer consultas a aquellos en su tierra natal. También estaba trabajando con el pastor para que aquellos en la Iglesia con traumas emocionales, comenzaran a recibir sanación a través de la formación profesional que ella había recibido, mientras estuvo en los Estados Unidos.

Gilberto y Lucinda estaban emocionados sobre el rol que le ofrecerían a Héctor en la producción de la obra. Sentían que él era el "actor" que habían buscado.

Gilberto saludó a Héctor e inmediatamente dijo: "Héctor, estamos aquí para hablarte sobre la interpretación de un papel en la producción que estamos trabajando."

Héctor estaba tan sorprendido que ni sabía cómo responder: "¿De verdad quieren que sea parte de su obra? ¿Pero no todos sus actores son apuestos?"

No", dijo Gilberto enfáticamente. "Hay diferentes tipos de actores porque queremos mostrar que el amor de Dios es para todos. Debemos mostrarle a la gente que Dios no juzga a las personas por su apariencia externa. Cada uno de los actores tiene un propósito especial y un rol, así como cada uno de nosotros tenemos un propósito en los planes de Dios para Su gente. Tienes un increíble sentido del humor, Héctor, y eso traería alegría a la audiencia. También te pagarían por tu tiempo y tu trabajo. ¿Sabes leer, Héctor?"

"No", dijo Héctor tristemente, recordando cómo fue su intento de asistir a la escuela. "Nunca fui aceptado o nunca se me permitió asistir a la escuela."

"No te preocupes. Grabaremos el guion para ti, así podrás escucharlo y luego memorizarlo de esa forma. Como quiera muchas personas encuentran que esa es la mejor forma de aprenderse sus líneas", le aseguró Laura.

Héctor memorizó sus líneas sin problema alguno, usando tan solo este sistema. Estaba muy emocionado de ser parte de esta maravillosa producción. Amaba estar cerca de la gente de la Iglesia, quienes lo trataban con amor y aceptación. Era querido por todos y su presencia era muy apreciada por todo el grupo con el que trabajaba. Era muy trabajador y siempre hacía mucho más de lo que se le pedía.

Laura se dio cuenta de que tenía mucha influencia en su país por su carrera diplomática y consiguió muchas empresas patrocinadoras para la obra. Empezaron a hacerle publicidad en toda la nación. El guion estaba bien escrito y todos amaron el humor que permanecía durante toda la historia, a pesar de que nunca perdió el fuerte impacto en la audiencia. Como los personajes estaban basados en una historia real sobre el bravucón del vecindario y las consecuencias de las decisiones de las personas, conmovió e hizo llorar a la vez a las personas.

Laura invitó a uno de sus amigos de Broadway, quien se conmovió tanto que usó su influencia para conseguir más lugares para interpretar la obra y también patrocinadores. Fueron invitados a presentarse en el teatro más grande del país y fue una función a casa llena. Fue una de las obras que permaneció más tiempo interpretándose en ese teatro, manteniéndose fuerte por los próximos seis meses. Héctor era la gran estrella de la obra. Estaba emocionado por la historia de cómo Dios transformó su vida y también ayudó a transformar la vida de muchas más personas.

La que una vez fue una pequeña Iglesia Cristiana del vecindario, creció de manera significativa; pasó de tener cincuenta miembros a tener miles de miembros, e incluso se mudaron a un edificio más grande por la demanda.

Laura regresó a los Estados Unidos y eventualmente se casó con un hombre dueño de un servicio de limosinas y pudo viajar a través del mundo compartiendo el mensaje de amor de Dios en cualquier lugar donde estuviese.

Gilberto se convirtió en un gran evangelista, tanto a nivel nacional como internacional. Sus campañas estaban patrocinadas por cientos de iglesias y sus conferencias siempre se colmaban a casa llena. Muchas personas conocieron al Señor a través de sus conferencias evangelísticas.

Lucinda construyó una fundación que apadrinaba a los indigentes y ayudaba en la educación de mujeres, además de proveer ayuda para los hijos.

Héctor se fue a trabajar a la industria de los filmes, desarrollando obras y guiones con mensajes espirituales. Diez años después, el vecindario que Héctor frecuentaba, lugar que había sido de disturbios y violencia, se había convertido en el Nuevo Jerusalén. Muchos de los jóvenes se habían convertido en pastores y líderes en varias demarcaciones, trabajando juntos para acercarse a personas de diferentes ámbitos y culturas. De verdad emulaban el corazón de Dios viviendo para servir y en armonía entre ellos.

Reflexiones sobre los personajes

Las decisiones que estos personajes tomaron como resultado de culpar a los demás y no tomar responsabilidad por sus propios sentimientos y reacciones de acuerdo a las circunstancias, no solo influyeron en la vida individual de ellos sino también en la vida de aquellos a su alrededor. Cada uno de estos personajes lidió con lo que consideraban como injusticia y lo que era un tratamiento injusto hacia ellos por otros, de diferentes maneras.

Cada uno de estos personajes tuvo que aprender que tomando personalmente la responsabilidad, en lugar de buscar un culpable, comenzarían a cambiar su mentalidad y a tomar control de sus vidas, de forma que las circunstancias no los controlaran nunca más.

En este apartado, haré una sesión de consejería con cada uno de los personajes para ayudarte como lector, no solo a relacionarte con ellos sino para ayudarte a ver lo que quizás necesites hacer para lidiar con tus cicatrices internas en una forma positiva. Añadiré algunas actividades interactivas al final de cada consultoría para iniciarte en este proceso de sanación.

También sugeriré que escribas en un diario todos tus pensamientos, mientras atraviesas por esta sección, para luego discutir lo que estás aprendiendo sobre ti mismo con un compañero, pastor o consejero entrenado y responsable.

Laura

En los años de adolescencia y pre-adolescencia de Laura, la vida era muy difícil para ella. Pasó de una vida despreocupada y feliz en el campo donde ella era muy querida por todos, e incluso respetada por sus pares y figuras autoritarias, en una cultura totalmente opuesta en donde se convirtió en la víctima de celos y crueles críticas.

En lugar de buscar dentro de sí misma y ver que Dios la había hecho justo de la forma que Él quería y ver el plan y propósito para el cual la había diseñado, Laura escogió creer en las mentiras habladas sobre su apariencia exterior. "Muchas veces me dijeron que tenía una nariz grande y fea", comparte Laura, "empecé a creerlo. Me miraba en el espejo y trataba de disfrazar a quién era realmente."

Cuando Laura trató de cambiar su imagen exterior, también comenzó a cambiar su opinión sobre quién era realmente en el interior.

"Pensaba que si tan solo tuviera una nariz más pequeña, todo estaría bien," admite Laura. "Creo que en realidad culpaba a Dios por cometer un error, por hacerme de esta forma. Incluso empecé a escribir poesía en mi diario, la cual reflejaba algunos de mis pensamientos más profundos. Aquí está una oración que escribí durante este periodo doloroso de mi vida:

"Dios, te busco en el mar, en las montañas, en los cielos, e incluso en las iglesias. Lloro para encontrar confort, pero es a Ti a quien no puedo encontrar. ¿Dónde estás, mi amado Dios, que no puedes escucharme? Dame una señal de que existes para poder encontrar confort en mi tristeza. Dios Padre, ¿dónde estás? Dame una razón para todo este sufrimiento. Dame fuerza para continuar. Mi cruz es muy pesada para cargar y me quiebro. Necesito que Simón Cirineo me ayude. ¿Qué he hecho para merecer semejante tormento? ¿Por qué mi vida me ha castigado de esta manera? Perdóname por todos mis pecados y todo lo que hago mal. Me arrepiento completamente; por favor, toma esta carga y levanta esta penalidad que me es tan difícil soportar. Mi alma estará triste hasta el día de mi muerte. Sé que soy una hija de Dios, pero este dolor que cargo dentro de mí, me ha quebrado. Mi alma está sedienta de ti, mi Señor. Necesito agua viva para satisfacer mi alma, la cual está llena de angustia y descontento."

A través de la oración, Laura pudo aliviar algunos de sus dolores, a través de la esperanza de que nada, incluyendo los infortunios, duran para siempre. Sin embargo, enterró tan profundo su dolor junto a su alma que disfrazó quién era realmente. Luego cubrió su dolor luciendo orgullosa y tratando de convertirse en algo que no era.

"Me convertí en una persona muy difícil", recuerda Laura. "A mi madre le costaba mucho mantener un personal de servicio, porque yo era muy cruel con aquellos que consideraba que estaban por debajo de mí. Creo que de alguna manera, el hacerlos sentir mal me hacía sentir mejor o superior a ellos. No me gustaba quién era ni tampoco me agradaba nadie más."

En lugar de descubrir cómo desarrollar sus habilidades intelectuales y arreglar su vida y a aquellos a su alrededor, se convirtió en una persona muy egocéntrica. Quería cosas que la hicieran única y verdaderamente diferente a los demás, de forma que pudiera resaltar por encima de ellos y obtener el estatus que ella había determinado que haría que su vida valiera la pena.

A través de la guía de un gentil profesor cristiano, Laura fue introducida al incondicional amor de Dios. Una vez que se dio cuenta de que no tenía que afanarse para conseguir Su amor, Laura comenzó a buscarlo. ¿Por qué Él la habría hecho de esta forma? ¿Y qué Él quería hacer con su vida? Empezó a ver el plan y propósito de Dios para ella y esto la llenó de una autentica alegría; una alegría que ningún comentario negativo podría robarle.

"Me di cuenta de que podía dejar de complacer a todos a mi alrededor", explica Laura. "Todo lo que necesitaba era encontrar la manera de complacer a Dios, pero incluso en aquel tiempo, sabía que no iba a dejar de amarme, incluso si fallaba y hacía algo que quizás le desagradara. Una vez que entendí el regalo que se me había dado a través de Jesucristo, me esforcé en convertirme en la persona en que Él me había diseñado para ser, no lo que otra persona pensaba que debía ser. Mi vida ahora está llena abundantemente de alegría y amor."

La nueva fe de Laura en Jesús y la alegría que estaba comenzando a experimentar en su vida empezaron a rebosar en aquellos alrededor de ella. Cuando leyó en su Biblia la Gran Comisión que Jesús dio a Sus discípulos, le pidió a Dios emocionadamente que le enviara primero a su familia y luego al mundo con Su mensaje de amor y redención.

Tus reflexiones personales:

- ¿Eres como Laura?
- ¿Has permitido que las opiniones y críticas hirientes de los demás te hagan observarte desde ojos ajenos?
- ¿A través de qué ojos deberías verte a ti mismo?
- ¿Quién te creó de la manera que eres?
- ¿Por qué El te creó de esa manera?
- ¿Qué revelaciones has recibido a partir de la lectura de la historia de Laura y lo que tenía para compartir?
- ¿Qué cambios debes hacer en tu propia vida, basados en lo que has aprendido de la historia de Laura?

Nota: Si nunca has aceptado el regalo de Dios a través de Jesucristo, ¿por qué no hacerlo hoy? Pídele a Dios que te perdone por tus pecados y agradécele por el regalo de la salvación comprado para ti por Su amado hijo Jesús.

Lee Romanos 10:9 y luego úsalo como tu oración para el día de hoy.

Confieso mis pecados, Dios Padre, y te pido perdón. Confieso con mi boca que Jesús es el Señor y creo en mi corazón que lo levantaste de los muertos y a través de Él he recibido la salvación y el perdón. Gracias, Dios Padre.

Gilberto

Gilberto sufrió otro tipo de violencia verbal en la que era ridiculizado el impedimento del habla que tenía cuando era un niño. Le hicieron creer que no era inteligente y que nunca lograría nada en la vida. Esto se convirtió en unos celos intensos por sus hermanos y luego por todos aquellos a su alrededor que sentía que le habían dado talentos y dones, los cuales por alguna razón no le habían dado a él. Su respuesta a cómo lo habían tratado en su infancia se convertiría en lo que Laura luego llamaría espíritu de guerra.

"Siempre sentí pena por mí mismo", compartió Gilberto, "Me llamaba a mí mismo poco suertudo y desafortunado, como si siempre estuviese en el lugar equivocado, en el momento equivocado. Incluso sentía que cuando Dios estaba repartiendo nuestros cerebros, dones y talentos, yo estaba ausente ese día o al final de la fila y se les habían agotado a la hora de atenderme."

Gilberto desarrolló una mentalidad de víctima que empezó en su interior con los sentimientos de lo inferior que Dios lo había hecho y luego se manifestó en el exterior con su comportamiento agresivo. "Solía frustrarme cuando no podía comunicarme con mi hermano y mis hermanas, tanto que los golpeaba para llamar su atención", recuerda Gilberto. "Luego, por supuesto, se enojaban conmigo y era castigado por golpearlos sin poder comunicarles lo que quería decirles en primer lugar. Era un niño muy frustrado y eventualmente me convertí en un niño muy sangrón."

En efecto, Gilberto también culpaba a Dios por no haberle dado lo que pensaba que necesitaba para sobrevivir y lograr el éxito en el mundo que había nacido. Este mismo patrón de conducta continuó incluso después que Gilberto pudo hablar y comunicarse con otros. Para este tiempo ya se había convencido que nunca lograría nada en la vida. "Sentía que ni siquiera mi padre soportaba estar cerca de mí", compartió Gilberto, "Sé que admiraba a mi hermano quien tenía mucha habilidad con sus manos, igual que mi padre. No solo no podía comunicarme con mi padre, creo que mi padre creía que tampoco podía ser enseñado. Tan solo se rindió conmigo, o por lo menos es lo que pensaba en aquel entonces. Ahí fue cuando mi madre tomó el rol de mi defensora."

A menudo, eso ocurre en las familias donde uno de los hijos aparece como víctima especialmente cuando se trata del tratamiento y la aceptación del padre. Desafortunadamente, algunas veces esto causa incluso más problemas a la larga, ya que el niño se acostumbra al padre defensor, en lugar de aprender a superar cualquier incapacidad o debilidad que perciba tener.

"Esto no ayudó mi relación con mis hermanos, especialmente con Laura. Nos odiábamos y siempre peleábamos", recuerda Gilberto. "No tenía amigos y sentía que mi familia se avergonzaba de mí. Luego descubrí que si me juntaba con otros "niños malos" del vecindario, por lo menos sería aceptado por ellos. Recuerdo que nos gustaba escondernos detrás de las cosas y arrojar rocas o bolas de lodo a las personas. Solíamos arrojar rocas a la Iglesia Cristiana los domingos por la mañana, esperando que salieran los fieles para arrojarles bolas de lodo a ellos. Incluso nos dimos cuenta de que las "personas buenas" de la comunidad no nos criticaban por esto, porque todos decían que los Cristianos eran adoradores del diablo."

Los niños que no se sienten aceptados por sus familias y los amigos de la escuela, a menudo buscan aceptación en pandillas en donde su comportamiento no es criticado e incluso es alabado. Buscarán relaciones de "familia" con estas pandillas y harán lo que sea para seguir siendo aceptados por ellos, incluso si va en contra de la moral que tenían en un principio. Eventualmente se desensibilizarán y no verán nada malo en lo que hacen. Esto se convertiría en una dificultad para poder entrar en relaciones valiosas, con significado verdadero, ya como adultos.

"Me sentía como un completo fracasado", confesó Gilberto, "Iba de relación en relación, una mujer tras otra. Había estado con muchas mujeres, bebido y fumado mucho y básicamente sentía pena de mí mismo en todo momento. Nadie se quedó conmigo nunca, las personas iban de fiesta conmigo cuando yo pagaba las bebidas. Cuando me enamoré y tuve a mi hijo, esta mujer no se quedaría conmigo porque temía que yo fuera una mala influencia para nuestro hijo. Eso me devastó totalmente y empecé a pensar en formas de terminar mi miserable vida."

Sin resolver, estos sentimientos de insuficiencia y mentalidad de víctima, a menudo conducen a las personas a la depresión y a la desesperación. Especialmente cuando esta persona compensa estos sentimientos con el uso de drogas, alcohol e incluso múltiples relaciones, cuando fallan al no poder crear un efecto positivo duradero, a menudo sus pensamientos se convierten en suicidas.

"Toqué fondo cuando perdí mi trabajo y no pude encontrar otro", recuerda Gilberto. "Ahora no solo me sentía como un fracaso, sino como un parásito de la sociedad al mismo tiempo. Tenía miedo de tener que entregar mi apartamento y regresar a casa de mis padres. Eso realmente probaría que mi padre tenía razón con respecto a mí todo este tiempo. Ese día estaba realmente listo para terminar mi miserable vida hasta que Laura y Lucinda se aparecieron en mi puerta para hablarme sobre lo que Dios había hecho en la vida de Laura." A menudo, por los patrones de conducta que establecemos en nuestra infancia, nos estancamos en cualquier punto y fracasamos tratando de complacer a aquellos que amamos y admiramos, además de que nos ponemos en contra de ellos. Si no desciframos como superar esta mentalidad de víctimas, estos patrones no solo continuarán repitiéndose una y otra vez, sino que se convertirá, en una espiral y será más bien una rutina cada vez que pasemos por una fase negativa. Comenzamos a poner muchas condiciones en nuestras relaciones de tal forma que nunca podamos amar realmente a alguien más. Básicamente, viene como represalia del hecho de que no nos amamos a nosotros mismos.

"Definitivamente, creía que algo dentro de mí no funcionaba correctamente y que eso no me permitía ser amado. No valía nada y era estúpido, ni siquiera valoraba mi físico. Me había abusado tanto que llegué al punto en donde no creía que estaba físicamente capacitado para trabajar y ganarme la vida", compartió Gilberto de forma sincera. "Lo primero que Laura me devolvió fue la esperanza. Me dijo que me olvidara del pasado y que viera el presente como un nuevo día. Me dijo que no tenía todas las respuestas a todo lo que cambiaría, pero sí dijo algo que nunca olvidaré. Desde ese momento, cambió mi vida.

`No sé lo que te depara el futuro, pero algo que sí sé es que puedes cambiar la forma en que piensas, en que sientes y cómo actúas; además, puedes aprender a liberarte de todas esas cosas negativas con la ayuda de Dios, quien siempre te ha amado y te creó en primer lugar. No puedes amar a otros hasta que aprendas a amarte a ti mismo.` "Cuando la vi a los ojos, vi su alegría y su paz, y eso era justo lo que yo quería."

Cuando nos regañamos con las mismas palabras que otros usan para herirnos y hacernos sentir mal, inmediatamente nos convencemos de que no tenemos valor alguno. El secreto que Laura había descubierto era aprender a descubrir las cualidades que Dios le había dado, las cuales la distinguían de los demás. Aprendió que cada uno de nosotros tiene un rol a interpretar que quizás esté borroso o distorsionado, por las críticas que hemos recibido de los demás, las cuales sin darnos cuenta aceptamos como si fueran ciertas. Cuando consumimos alcohol o drogas de cualquier tipo, incluso cigarrillos, como métodos de escape, estos pueden hacernos sentir geniales de forma momentánea, pero al final el precio que pagamos nos puede dejar peor de cómo estábamos antes. Las personas que son adictas al alcohol y a las drogas, en realidad no se aman a sí mismas.

Tus reflexiones personales

- ¿Eres como Gilberto?
- ¿Alguna vez te has sentido como si Dios hubiera olvidado darte algo muy importante cuando te creó?
- ¿Alguna vez te has sentido como si hubieses obtenido la parte corta del palillo?
- Monitorea cómo te hablas a ti mismo en tu mente por un día completo; luego escribe todo lo que dices sobre ti en voz alta o en pensamiento. ¿Qué descubriste sobre lo que dices y piensas de ti mismo?

Ahora lee lo que Laura ha descubierto y lo que compartió con Gilberto sobre la forma en que Dios te creó. Mientras lees la Sagrada Escritura, graba lo que Dios dice sobre ti y luego usa esas verdades para desarrollar una nueva forma de hablarte a ti mismo.

Efesios 1:6 dice que estoy...
Génesis 1:26 dice que fui creado
Colosenses 2:10 dice qué soy
2 Pedro 1:4 dice que soy partícipe en...

Otra forma de no amarnos a nosotros mismos es comer en exceso. Usamos la comida para castigarnos y crear obesidad. Lucinda lidiaba con tipos de abusos emocionales diferentes a los de Laura y Gilberto. Algunas personas se refieren a este como el síndrome del hijo del medio. Lucinda tenía una hermana mayor que era muy favorecida por su madre. Esto no era por su inteligencia, se basaba en la apariencia. En este caso, también era un "prejuicio racial" que incluso su propia madre parecía tener y se lo transfirió a sus dos hijos del medio. Lucinda y Teo habían nacido con un tono de piel más oscura que su hermana mayor.

"Nuestra madre me llamaba 'la gorda negra', recuerda Lucinda con el semblante triste. "No recuerdo qué hice para enfurecerla, pero mi madre arremetía contra mí de todas las formas malévolas habidas y por haber, eso dejó una herida profunda en mi ser. Una vez me dijo que deseaba que yo nunca hubiera nacido. Luego me dijo cómo trató de perder el embarazo y matarme mucho antes de yo naciera. Cargué todas estas historias en mi corazón y en mi mente. Mucha amargura y resentimiento creció en mí en contra de mi madre. Claramente no podía ser irrespetuosa con ella, por lo que reprimí todos estos sentimientos y me convertí en una persona tranquila, aparentemente bien portada y tímida. Todo esto mientras la ira y el dolor abundaban dentro de mí."

Desafortunadamente, muchos de nuestros hijos experimentan dolor a causa de sus propios padres. A menudo, realmente no recuerdan cuándo ocurrió, pero crecen con muy baja autoestima y en algunos casos, maltratan sus cuerpos y tratan de convertirse en alguien que sus padres finalmente amen y respeten.

"Me convertí en dos personas diferentes", explica Lucinda. "Generalmente, empezaba una relación siendo muy agradable y dulce. Era tan sumisa y dócil que las personas se aprovechaban de mí. Luego cuando descubría la traición, me convertía en esta persona cruel y vengativa que buscaba justicia a cualquier costo. Por esto me gane la reputación de la 'abogada de acero.' 'Mis oponentes me temían y los jueces me respetaban, pero en el interior, todavía estaba buscando amor y aceptación."

Las personas como Lucinda, a menudo, se olvidan de quiénes realmente son. Desarrollan una personalidad dividida mientras tratan de complacer a todos. Terminan odiándose a sí mismos y a todos a su alrededor. "Mamá siempre me humillaba y minimizaba a mi padre, llamándolo `negro africano`, y cuando se enojaba conmigo me decía que era como él. Le decía a los demás que se arrepentía de haberse casado con él a pesar de ser un hombre muy trabajador, honesto, buen proveedor y buen padre. De hecho, le decían `Don`, el cual era un titulo de gran respeto entre sus pares y aquellos que vivían en nuestro vecindario en el campo. Por ser etiquetada como `negra`, me hacía cosas horribles tratando de ser más `blanca`, confesó Lucinda.

"Laura pensaba que si su nariz hubiera sido más pequeña, ella habría sido más feliz; entonces yo pensaba que si hubiera sido más blanca, habría sido más feliz. ¡Ambas estábamos equivocadas!"

Laura aprendió algunas lecciones importantes sobre ella misma, estaba muy emocionada por compartirlas con Gilberto y Lucinda. A menudo, aquellos que amamos más son los más difíciles para presenciar el amor de Dios. Laura tenía un increíble cambio incluso en su semblante, razón por la cual Gilberto y Lucinda querían enterarse de lo que había hecho esta gran diferencia en la que alguna vez fue la hermana egocéntrica.

"Nunca me había dado cuenta de que Dios me había dado talentos que no tenían nada que ver con mi apariencia", explicó Lucinda.

"Mariela era alta, delgada y hermosa, mientras Laura era extremadamente inteligente y extrovertida. Era prácticamente invisible a menos que mi madre se enfadara conmigo, en ese caso era el poste de azotes. Lo que Dios me había dado era un magnífico sentido para los negocios, así como el de mi padre. A pesar de que mi madre lo mencionaba como algo negativo, heredé este gran sentido para los negocios y una gran integridad de mi padre. Fundé mi propio negocio y me convertí en una abogada exitosa, admirada por los demás por la forma en que ayudaba a los pobres y por cómo le cobraba a los ricos; pero nunca estuve segura de quién era yo."

Lucinda y Gilberto necesitaban descubrir la gran verdad que Laura había asimilado de las maravillosas y amorosas de la Iglesia Cristiana; Dios nos ama de igual manera a todos, sin importar cómo luzcamos en el exterior. Él está más interesado en quiénes somos en el interior. De hecho, Él desea que nos convirtamos en todo lo que Él, a propósito, nos diseñó para ser. Una vez descubramos esta gran verdad, podremos superar lo que sea que el mundo nos ponga por delante.

Una vez sepamos quiénes somos ante los ojos de Dios, nada que digan los demás nos podrá detener de lograr cosas maravillosas y grandiosas, a través del poder y la fortaleza que Dios nos ha dado.

A pesar de que Lucinda había desarrollado una doble personalidad destructiva como resultado del daño psicológico infligido en ella por su familia y la sociedad en sí, Dios tenía la cura. Él le mostró la maravillosa persona que Él había diseñado desde adentro hacia afuera. Una vez que su mentalidad empezó a estar de acuerdo con lo que Dios tenía que decir sobre ella, se convirtió en la persona que estaba supuesta a ser, y se volvió segura de su propia identidad.

Tus reflexiones personales

- ¿Tienes una crisis de identidad como la que tenía Lucinda?
- ¿Permites que los demás definan quién eres o te digan de lo que eres capaz o no?
- ¿Estás atrapado dentro de una persona que es insegura y fácilmente se siente inferior ante aquellos que sientes que se ven mejor, o son más inteligentes que tú?
- ¿Aprendiste algo al leer la historia de Lucinda que te ayudará a descubrir quién realmente eres?

La mejor forma de comenzar a cambiar la mentalidad errónea con la que has estado viviendo, quizás desde tu infancia, es empezar a reemplazar esas mentiras con la verdad. La Biblia dice que si conoces la verdad sobre lo que Jesús dice en Su Palabra, esa verdad te liberará de cualquier atadura que el mundo tenga puesta sobre ti para retenerte. Lee estas verdades de la Palabra de Dios y empieza a declararlas sobre ti mismo cada día. Si alguna de esas frases de tu antigua mentalidad tratan de volver, revócalas en el nombre de Jesús y declárala como una mentira que ya no quieres creer. Luego declara en voz alta que la verdad no solo te hará libre, sino que te mantendrá viviendo una vida libre.

Gálatas 1:4 dice qué he sido: Por lo cual soy libre. Revelaciones 12:11 dice qué soy: Eso significa que no soy esclavo.

1 Corintios 1:30 dice que soy sabio. Por lo tanto, puedo tomar decisiones basadas en la verdad de Dios y no en las mentiras que el mundo ha tratado de hacerme creer. Gálatas 5:1 dice qué soy: Por lo tanto, puedo pararme firme.

Héctor

Cuando Laura, Lucinda y Gilberto se acercaron a Héctor para interpretar el rol principal en su producción, lo vieron como una forma para que él recibiera sanación de sus heridas internas. Laura había descubierto en su carrera como consejera que el teatro era un medio muy eficiente y efectivo a la hora de ayudar a las personas a liberarse de sus traumas emocionales más profundos. Le dijo a Gilberto y a Lucinda que anteriormente ya había utilizado esta técnica con muchos de sus pacientes en los Estados Unidos y el resultado había sido maravilloso.

Cuando usaron la analogía de los personajes dentro del contexto del guion completo, Héctor también pudo ver que él tenía un rol importante para interpretar en el plan del Reino de Dios. Mientras ayudaban a Héctor a desarrollar el talento que Dios ya le había dado, fue capaz incluso de usar sus experiencias negativas para ayudar a las personas a lidiar con sus propios problemas emocionales. Haciendo esto, Héctor se convirtió en una persona feliz, llena de gozo, la cual era querida y admirada por todos los que trabajaban con él. De hecho, se convirtió en la gran estrella de la obra. "¿Qué fue lo que hizo mayor diferencia en tu vida, Héctor?, un entrevistador le preguntó.

"Ese domingo, cuando Gilberto estaba caminando hacia la Iglesia, con Lucinda y Laura", Héctor compartió con una sonrisa en su rostro. "Reconocí a Gilberto, pero no a las dos muchachas. Sabía que Gilberto era un borrachón. Lo había visto varias veces tirado en el desagüe durmiendo sobre su propio vómito. Pero ese día, él estaba vestido súper bien y tenía a estas dos mujeres hermosas en sus brazos. Pensé en causar estragos y dejarles saber a las dos señoritas quién realmente era el canalla que caminaba con ellas hacia la Iglesia."

Héctor se detuvo por un momento, pues necesitaba asegurarse de que el entrevistador conociera sus antecedentes, "Yo era el bravucón del vecindario. Sentía que el mundo me había tratando tan mal y que la vida era muy injusta. Me vengué de la sociedad y de las personas que se burlaban de mí mediante comentarios y palabras hirientes, cuando pasaban cerca de mí. Muchas de esas personas se habían asustado y se quedaban bien lejos de mí. Tenía una muy mala reputación en mi vecindario." "Eso es difícil de creer viéndote ahora", dijo el entrevistador, mientras movía su cabeza.

"Es cierto y una vez Gilberto vio quién era, pensé que saldría volando de ahí como todos los demás habían hecho", dijo Héctor.

"Pero Gilberto y las muchachas se voltearon a mirarme y no salieron corriendo. De hecho, en el camino hacia mí, me dijo que tenía razón y que había sido un borrachón, pero que me tenía buenas noticias." Héctor sacudió la cabeza entristecido, "Como Gilberto, obviamente, me estaba dando una oportunidad de burlarme de él, decidí llevar mis insultos aún más lejos. Si era lo suficientemente tonto de quedarse y hablar conmigo, pensé que no debía perder esta oportunidad de arruinar cualquiera que fuera la relación que tenía con las dos jóvenes hermosas a su lado."

"¿Qué hiciste, Héctor?", preguntó el entrevistador, totalmente intrigado por lo que decía este hombre tan inusual, sentado frente a él.

"Le pregunté a Gilberto, ¿quién es esa bella chica? ¿Es tu nueva novia? ¿Ella sabe quién eres realmente? Ahí fue cuando la chica me habló y me llamó por mi nombre. Ella dijo: ` ¿No me reconoces, Héctor? Soy Laura, la niña fea del vecindario, la de la nariz grande. ¡Solías llamarme Mona Chita!'"

"Me paré de ahí boquiabierto", dijo Héctor mientras reía. "De hecho, pensé que Gilberto y las chicas me estaban jugando alguna broma cruel; pero luego me di cuenta que ninguno de ellos me miraba con repulsión, como todo el mundo hacía. De hecho, vi algo en el rostro de Laura que me hizo descubrir lo que le había pasado."

"¿Qué era lo diferente en ella?", preguntó el entrevistador, sinceramente interesado en la historia.

"En primer lugar, estaba absolutamente hermosa, luego estaba esta alegría sobre ella. Recuerdo que siempre lucía triste y enojada cada vez que la veía cuando vivía en el vecindario. Para mí siempre había sido fácil asustarla y hacerla llorar. ¡Pero ese domingo lucía radiante! Luego dijo algo que nunca olvidaré. `Cuando cambié la forma en que pensaba sobre mí misma, cambié la forma en que otros pensaban sobre mí también. Cuando dejé de creer que era fea, dejé de sentirme fea, y luego dejé de actuar de forma fea."

"¿De verdad? ¿Cómo pudo la forma en que pensaba sobre sí misma cambiar la forma en que lucía en el exterior?", preguntó el entrevistador.

"Explicó que como ella pensaba que era fea y creía lo que los demás decían, trató de cambiar quién ella era de adentro hacia afuera. Una vez que dejó de creer en estas mentiras, pudo ser la persona que Dios la había destinado a ser. Ahí fue cuando empezó a hablarme sobre Dios", sonreía Gilberto, mientras recordaba sus primeras reacciones sobre el abrupto cambio en la conversación. "Cuando Gilberto dijo que todo lo que tenía que hacer para cambiar como Laura y él, era decirle a Dios que Lo amaba y agradecerle por hacerme a su imagen de adentro hacia afuera. A ese punto ya pensaba que todo esto era un cruel engaño. ¡Seguramente se estaban burlando de mí! Traté de discutir con ellos, pero Gilberto era increíblemente paciente conmigo."

"Obviamente te dijeron algo que cambió tu mente porque definitivamente hoy en día no eres un bravucón", asumió el entrevistador. "Todas las personas de la producción con las que he hablado, te aman y te admiran. ¡Eres la estrella del show! "

Gilberto usó la analogía de un alfarero haciendo vasijas. Dijo que algunas de ellas son hermosas en el exterior, pero están hechas solamente para estar en un estante y lucir bonitas. Otras están hechas muy resistentes y útiles, a pesar de que no son tan bonitas. Explicó que somos esas vasijas. Dios nos ha hecho a cada uno de nosotros con un propósito diferente. Cada uno de nosotros tenemos una misión especial que nos ha sido dada por Dios. Le pregunté a Gilberto sobre qué misión Dios me podría tener. Incluso le dije que desearía no haber nacido. Luego Gilberto me contó su historia. Me dijo por qué se había convertido en un borrachón y cómo había tratado de quitarse la vida en diferentes ocasiones. Dijo que se había convertido en un esclavo de la bebida, del cigarro y de ser peligroso para él mismo y para los demás. ¡Incluso le habían arrebatado a su pequeño hijo para protegerlo!

Héctor tuvo que detenerse un momento, mientras recordaba el día en que había cambiado su vida para siempre, "No me podía controlar, comencé a llorar mientras pensaba sobre la forma en que había estado viviendo. Gilberto, Laura y Lucinda se veían y actuaban muy diferentes. Se pararon ahí hablándome sobre Dios, amor y libertad, en lugar de criticarme y decirme lo cruel y malo que fui. Laura había cambiado mucho, ni siquiera la reconocía. Cuando la miré, ella me sonrió y tenía una alegría que me hizo querer creer que yo también podía cambiar. Luego me dijeron qué hacer y oraron conmigo ahí mismo en la acera. ¡Desde ese momento no he vuelto a ser el mismo!" Héctor continuó explicándole el amor de Dios al entrevistador y dejó que el joven entrevistador aceptara a Jesús como su Señor y Salvador. Héctor usó cada oportunidad para contarles a los demás sobre el Dios que lo transformó de un bravucón a un embajador del amor de Dios.

Tus reflexiones personales:

- Al leer la increíble historia de transformación de Héctor, ¿cómo eso cambia la forma en que miras a esos que son diferentes a ti?
- ¿Alguna vez te has sentido despreciado como Héctor?
- ¿Cómo reaccionaste cuando otros fueron crueles y malos contigo?
- ¿Alguna vez te convertiste en un bravucón?
- ¿Cómo la historia de Héctor ha cambiado la forma en que te ves a ti mismo?
- Como resultado de leer este libro, ¿qué harás para cambiar la forma en que te ves a ti mismo y a los demás?
- ¿Conoces a alguien que también se beneficiaría de leer este libro?

Printed in the United States
By Bookmasters